JN323870

だいわ文

理想のパートナーを見つけるためにしておきたい17のこと

本田 健

大和書房

はじめに

パートナーがいる人生は楽しい！

「好きな人が見つかりません」

「つき合っている人はいるけど、理想のパートナーではない気がする」

私のセミナーやパーティ会場で会った人たちが、よく口にする言葉です。

この本では、そういう人のために、「理想のパートナーの見つけ方」についてお話しししていきます。

私はこれまで、「自分が大好きなことをやると、人は幸せになる」という考えのもとに、本を何十冊も書いてきました。

自分が大好きなことをすればいい。とてもシンプルですが、実際にやるとなるとそう簡単ではありません。

生活のため、家族のために我慢して働かなければならないと考えてしまうのが普通です。日常生活でやらなければいけないことを中心にしていると、自分が好きなことまでわからなくなってしまいます。そういう人たちのために、ライフワークや才能の見つけ方について語ってきました。

幸せを考えるうえで、好きなことをやるのと同じぐらい大切なのは、「理想のパートナーを見つけ、愛のある生活をする」ことです。

この本は「大好きな人を見つけるために大切なこと」をテーマにしました。

心から愛せる人がいることは、あなたの人生を、何倍にも明るく、幸せにしてくれます。たとえピンチに陥ることがあっても、そこで立ち上がる力を奮い起こすことができます。それくらい、自分の好きな人と一緒に生活する、あるいは好きな人と一緒に仕事をするというのは、幸せなことです。

では、好きな人はどうすれば見つかるのでしょう。好きな人と一緒の時間をどう過ごせばいいのでしょう。そもそも「パートナー」という存在とは何か。これを理解できれば、幸せを見つけるのは、いまよりももっと簡単になります。そのお手伝いをしたいというのが、この本を書く理由です。

■理想のパートナーの3つの側面

「パートナーって何なのか」を考えたときに、それは男女関係の場合もあるし、男性同士、あるいは女性同士のパートナーシップもあると思いますが、「友人である」ということは同じです。

一緒にいる時間を楽しむという意味での「友人」としての側面が、理想のパートナーにはあります。

もう一つは、「人生という事業の共同経営者」としての側面です。

実際に事業を起こしているかどうかは関係なく、二人で家庭をもつ、家族になるというのは、一つの株式会社を起こすようなものです。一緒にいて楽しいというだけでは、生活は成り立っていきません。

これは、結婚という制度に関係なく、二人で人生をともに歩むと決めてからスタートします。それが、パートナーです。

家計も含めて一つの事業だとすれば、その仕事の役割分担はどうするのか、お金はどうするのかなど、家庭の運営を一緒に考えていくことになります。

3番目の側面は、「セクシャルにつながっている」ということ。性別に関わりなく、男として、女として、セクシャルにつながる、いたわり合う、感じ合うという要素もあります。

そうしたことがあるがゆえに、喜びもあれば、面倒くささもある。遠慮、罪悪感、競争、嫉妬があぶり出されることもあります。

男性として自信がない、女性として自信がないという人は、無意識のうちに、パートナーシップを避けてしまいがちです。

素敵な男性、女性に近づくと、自分の未熟さ、魅力のなさ、格好悪さを感じざるを得ません。

自信がないことからは、できれば遠ざかっていたいというのが、自然な流れでしょう。それに近づけば、忘れていた痛みがうずきだします。その痛みを感じないように、その痛みを見ないようにするために、パートナーシップを遠ざけた生き方をしてしまうのです。

■魅力的な人と出会う人生を選択する

「結婚したい」「パートナーが欲しい」と言いながら、いざパートナー候補が現れると、傍《はた》からは信じられないような理由で、その人との関係を絶《た》ってしまう、あるいは男女関係にならないようにしてしまう、という人が、あなたのまわりにもいませんか。それは、もしかしたら、あなた自身かもしれません。

たとえば、男性として自信がない、女性として自信がないと心のなかでは思っていても、仕事の現場では、それを意識する必要はありません。

けれども、いったん、魅力的な人が目の前に現れると、「イケてない自分」がドッとあぶり出されてしまうのです。

「この人、素敵だな」と思ったとたん、「でも、この人が私のことを好きになってくれるとはかぎらない」とふだん感じない不安が出てくるかもしれません。

「拒絶される可能性があるなら、魅力的な人には近づかないほうがいい」

そう考えて、自分が魅力を感じるような人とは出会わない人生をつくるのです。

仕事があって、毎日が忙しいと、パートナーシップについて考えなくてすみます。そのままそれを続けていれば、感情的にネガティブにならずにすみます。また仕事は、イヤなことも多い反面、頑張れば頑張るだけ認められるというものでもあります。

パートナーシップは、どれだけ自分が努力しても、それが報《むく》われるとはかぎりません。頑張れば頑張るほど、「面倒くさい」とか「重い」「うざい」とか言われる可能性があるのです。

エネルギーの投資効率でいえば、恋愛よりも仕事のほうがいい。仕事を、趣味やボランティアに置き換えても同じでしょう。

パートナーシップは、何年もの努力が一瞬にしてゼロになることがあるハイリスクなゲームです。多くの人たちが憧れながらも躊躇《ちゅうちょ》するのは、そのためです。

でも、ちょっと怖いからといって、そのままでいいのでしょうか。

恋愛やパートナーシップを遠ざけて生きている人ほど、じつは、「このままではいけない」ということに、心のどこかで気づいていたりするものです。

だからこそ、この本を手にとられたのではないでしょうか。

あなたが感じている通り、理想のパートナーに会える人生は、素晴らしいものです。魅力的な人に出会い、その人に愛される自分になる。ぜひ、その幸せをつかんでいただきたいと思います。

それには、女性性、男性性というものを知り、パートナーシップのメカニズムと心理を把握《はあく》することです。

恋愛に、積極的に出ていく人。怖いから最初から近づかない人。自分の理想を追い求めることなく、なんとなく近くにいる人で手を打って、「これでいいのか」と後悔する人もいます。それでは、相手にも失礼だし、なにより自分がワクワクしなくなってしまいます。

あなたも、そういう妥協《だきょう》がイヤで、いままでなかなか恋愛に踏みきれずにきたのではないでしょうか。

あなたにとって理想のパートナーを見つけるために、これから17の扉を一緒に開けていきましょう。

理想のパートナーを
見つけるために
しておきたい17のこと

［目 次］

17 愛を信じる —— 201

1

誰が好きかを
はっきりさせる

あなたはどんな人がいいのか

パートナーを見つけるために、最初に大事なのは、あなたが「どんなタイプの人が好きなのか」をはっきりさせることです。

たとえば、背の高い人がいい、背の低い人がいい。あるいは、太めの人がいい、スマートな人がいい。社交的で、物事をはっきり言うタイプがいいという人もいれば、おっとりした人がいいという人もいます。

また、同じ人であっても、年齢や経験を重ねるうちに好みのタイプが変わることもあります。いや、変わるほうが多いといってもいいかもしれません。

「やさしい人がいいと思って、物腰の柔らかいタイプとつき合ってみたけれど、優柔不断に感じて物足りなかった」という人は、「こんどは強引で、積極的な人がいい」となったりします。

「なんでも正直に表現するところがいいと思ったけれど、ひどいことをズケズケ言われつづけてとても傷ついたから、次は口数の少ない人とつき合いたい」という人もいます。

「ビジネスで成功して素敵に見えたけれど、いつも仕事優先で自分のほうを振り向いてくれなかった。次は家庭的な人がいい」ということもあります。

でも、そんなふうに相手を選んでいては、また次も、「やっぱり合わない」となりかねません。それはなぜかといえば、自分が本当に欲しいものが何かがわかっていないからです。

「パートナーが欲しい」という人には、「どういう人がタイプですか」と聞くようにしているのですが、たいていは、「いい人がいたら」としか言いません。

さらに突っ込んで、「それって具体的にいうと、どんな人ですか」と聞くと、「やさしい人」か「自分を理解してくれる人」というところまでは答えてくれることもあります。しかし、それだと曖昧《あいまい》すぎて、しぼりきれません。

理想のパートナーを見つけるためにしておきたいことの最初のステップは、

「どういう人が好きなのか」を認識することです。

どういう人と、これからの人生を共にしたいのかをはっきりさせましょう。

いままでに好きになった人を思い浮かべてみてください。

実際につき合った人でもいいし、憧れの人、架空《かくう》の人でも構いません。

そうすると、自分はこういう人が好きなんだなということが、なんとなくわかるでしょう。けれども、じつは、それがあまり当てにならないのです。

幸せな結婚生活を続けているカップルに話を聞くと、「最初はまったくタイプじゃなかった」という人と結婚した人が、案外多いものです。

つまり、自分は好きだと思っているタイプが、自分に合うパートナーであるとはかぎらないということです。

誰にも食べ物の好き嫌いはあるものですが、嫌いなものには食わず嫌いも少なくありません。

自分の好きなタイプにも、同じことが言えるのではないでしょうか。

たとえば20代のときには、いいレストランを知っているだけで、相手のことが素敵に見えたりします。でも30代になれば、誰でもそれなりに、いいレストランを知るようになるものです。そうなれば、20代のときとは、相手の魅力を感じる部分が変わってくるわけです。

「カッコイイ」「きれいだ」と思って好きになったとしても、結婚して15年もしたら、見た目は間違いなく変わります。変わるのは相手の体型だけではありません。自分自身の見た目も変わるのです。

40代、50代になったときには、20代の頃の面影さえなくなってしまうこともあるのが、厳しい現実だといえるでしょう。

理想のパートナーは、ずっといい関係でいるために、いまを基準にするだけでなく、いろんな視点で選びましょう。

10年先、20年先になっても、変わらずに一緒にいたい人は、どんな人なのかを考えてみてください。

どんなタイプがイヤなのか

ここで一つ、心理テストのような実験をしてみましょう。
あなたは、ある人とお見合いをすることになりました。
時代が古くて、親が選んだその人を断れません。
お見合い写真が届きました。
その人の経歴も見ました。実際に会ってもみましたが、
「この人とは死んでも結婚したくない」
と思ったとします。さて、それはどんなタイプでしょうか。

□教養のない人
□お金に縁がない人

□偉そうに振る舞う人
□浮気性の人
□冷たい人
□嫌みを言う人
□愚痴をこぼす人
□すぐイライラする人
□おしゃべりな人
□不潔な人

……などなど、「そういう人は絶対にイヤだ」というのは、どんなタイプの人なのか。その答えから、あなたが人生で大切にしたいことが見えてきます。

「死んでも一緒になりたくない人」というのは、自分がもっとも大切にしているものを、大切にしない人です。

「浮気っぽい人はイヤだ」としたら、あなたは人生で、信頼を大事にしたい人なのだとわかります。

「攻撃的な人はイヤだ」としたら、あなたは人生で、平穏を大事にしたい人なのだとわかります。

そういう目で、自分が「絶対にイヤだ」というタイプを見てみましょう。

自分の嫌いなタイプ、許せないタイプがはっきりしたら、自分がどういうタイプが好きなのか、ということもはっきりしていきます。

どういう人が嫌いなのか。

それを考えてみると、好きな人のポイントが見えてきます。

不潔な人がイヤな人もいれば、潔癖すぎる人がイヤだという人もいます。

競争する人がイヤだという人もいれば、弱気なのはイヤだという人もいます。

仕事ばかりしている人はイヤなのか、あるいは定職に就かない人がイヤなのか、自分に確認していきましょう。そのときに、過去に起きたトラウマも入っていないかということも見てください。

男性、女性の素敵なところをあげてみる

パートナーシップをもちたい人は、男性と一緒にいたい、女性と一緒にいたいと思っているわけです。逆にいえば、そう思えなければ、パートナーシップをそれほど必要とは感じていないことになります。

そこで、自分は男性（女性）にどんなことを求めているのか、どういうところを素敵だと感じるか、あらためて確認してみましょう。

あくまでも「自分にとって」ということで考えてください。

他の人も、そう考えるかどうかは関係ありません。

たとえば、自分にとって女性の素晴らしいところは、「すべてを受け入れてくれる包容力だ」という人もいるでしょう。あるいは、優しさとか細やかな愛情を示してくれることを、女性に求めている人もいるかもしれません。

男性には力強さだったり、何があっても自分を守ってくれる頼もしさを求めるかもしれません。

自分にとっての男性、女性の素晴らしさとは何かを考えることで、自分にはないものをもっている相手と一緒にいたいという気持ちが高まっていきます。

多くの場合、それ以前の問題で、嫌われたらどうしようとか、いったんはお互いに好きになったけれども、それが破綻《はたん》したらどうしようという不安がいっぱいだったりします。そういう不安をかかえた状態だと、相手の素晴らしいところがあまり見えなくなってしまいます。

男性と一緒にいること、女性と一緒にいることが、いかに素晴らしいかということを、最初に見ておかないと、理想のパートナーの必要性もあやふやなものになりがちです。

男性、女性の素敵なところを、自分なりに一度整理してみてください。

一緒にいたいのは、どんな人？

「理想のパートナー」という言葉を使うと、多くの人は、これから長いあいだを一緒に過ごしたい人だというふうに考えるでしょう。

実際に、そんな相手を見つけたいと思うわけですが、長いあいだには、相手は変わっていくものだということを覚えておきましょう。

人には変わる部分と変わらない部分があります。たとえば容姿は変わります。どんなに若く見える人でも、いつまでも20代の姿ではいられません。

理想のパートナーを見つけるときに大切なのは、お互いが、おじいちゃん、おばあちゃんになったとしても、一緒にいたい人は誰なのかを考えることです。

年を重ねても一緒にいたいのは、どんな相手でしょうか。

時間の過ごし方、人との関わり方という、人生で大切なものに対する価値観が同じ人でしょう。

ずっと一緒に仕事をしたいというのであれば、仕事志向のカップルになります。このカップルは、二人で仕事ばかりしていますが、それが悪いわけではありません。同じ志向の人を見つけることが大切なのです。

プロジェクトを立ち上げるのが幸せというカップルもいます。会社を共同経営している人たちに多いのですが、それが人生の喜びにつながるわけです。

あるいは、仕事は二の次にして家族を大事にする、という生き方もあります。このカップルにとって大事なのは、家族のイベントです。たとえ出世やお金に恵まれなくても、家族の思い出、家族のつながりが大事なのです。

パートナー同士で、友人を大事にするという人もいます。子どもをもたなかったとしても、友人を誘ってバーベキューをしたり、旅行に行ったりします。

あるいは二人で独特の世界をつくって、趣味にはまっていくという選択もあります。別荘地で静かに暮らす人もいれば、世界をとびまわるという人もいますが、それはそれで楽しそうです。

パートナーシップで悲劇なのは、一方は社交的で、たくさんの人と会いたい、過ごしたいと考えているのに、もう一方は、二人だけの時間を大切にしたいと考えているようなケースです。

一人の人として見たときには、社交的なタイプも、一人が好きなタイプも、それぞれでいいわけですが、結婚して夫婦関係になると、どちらか一方が我慢を強《し》いられることになります。そのぶんだけ関係が難しくなります。

自分は何がしたいのか、どうありたいのかを考えることで、誰と一緒にいたいのかも、はっきりしていきます。

いま一緒にいる相手が、じつは理想のパートナーでないことに気づくことになるかもしれませんが、だからといって別れる必要はありません。

趣味嗜好《しこう》が違っても、カップルとして幸せに生きることは十分に可能だからです。その場合は、二人がお互いをよく理解して、尊重することが前提になります。

2

仕事に逃げない

みんな忙しい

「早くパートナーが欲しい」と口では言いながら、毎日仕事が忙しくて、そんなヒマがないという人がいます。

彼らは、日常的な仕事に追いまくられて、平日は帰って寝るだけ。週末もその疲れから回復するのに時間を取られてしまって、新しい出会いやパートナーシップについて考えたり、行動したりする時間と気力がほとんどない人たちです。

こういうライフスタイルを、多くの人たちが送っています。

ライフワークを見つけたい、パートナーシップが欲しいという人の多くが抱えているジレンマは、それについてじっくり考えたり、行動に移したりする時間とエネルギーがないことではないでしょうか。

「実際に、いちばん欲しいものは何ですか」と聞くと、多くの人が、お金よりも時間と答えたりします。

では、時間があったら、才能やライフワークやパートナーが見つかるのかというと、必ずしもそうではありません。

パートナーや才能は、自分と向き合った結果、見つかるものだからです。

たとえば、忙しくなければライフワークやパートナーが見つかるというのであれば、定時で仕事が終わるような人は圧倒的に優位なわけです。

けれども、たとえ毎日5時で仕事が終わるからといって、パートナーや自分の才能が見つかるとはかぎりません。

逆に忙しくても、パートナーがいて、毎日を楽しく生きている人たちはたくさんいます。

「忙しいことを言いわけにしない」ということが、理想のパートナーを見つけるために心がけたい、大切なステップです。

仕事にはまると、パートナーシップから縁遠くなる

「パートナーシップをもとうというとき、いちばん大きな障害は何ですか」

こう聞くと、多くの人が、気恥ずかしさ、両親や家族、恋人との間で起きた過去のトラウマなんかを考えがちですが、本当にそうでしょうか。

パートナーシップの障害の大きなものの一つは、仕事です。

仕事は、自分を認めてくれるものです。頑張ったぶんだけ報酬や尊敬を得られます。期待通りの結果が得られなかったとしても、ある程度の達成感や充実感は感じることはできるでしょう。

けれども、パートナーはどうでしょうか。

どんなに努力しても、認めてくれない可能性があります。

それどころか、頑張れば頑張るほど、自分を受け入れてもらえない、面倒がら

れる、ということもあるわけです。

そして、有能な人ほど、仕事にはまっていきがちです。

パートナーと向き合うのが苦手な人は、どんどん仕事をしてパートナーから承認されず、ますます仕事にのめり込んでいきます。

このパターンの典型が、仕事にのめり込んでいる夫と、専業主婦の妻のありがちな関係だといえるでしょう。

夫婦関係で得られる喜びや安心感よりも、仕事で得られる達成感のほうが、中毒性があります。仕事からはアドレナリン的快感が得られるのですが、一定期間を経たパートナーシップでは、ネガティブな感情のほうがより多く出てきます。

そういう点では、パートナーシップより仕事のほうが楽しくなってしまうのは、ごく自然なことなのでしょう。

シングルの人がパートナーシップに入れないのも、これと同じ仕組みです。

パートナーシップは、独特の痛みを感じさせるようにできているので、それに向かうよりも、仕事に向かうほうが楽だということがいえます。

パートナーが欲しいと思いながら仕事に忙殺《ぼうさつ》されている人は、まずは仕事を減らしましょう。

実際に仕事を減らして、パートナーシップのほうに進もうとしたら、いろんな不安が出てくるはずです。

知り合いの女性で、久しぶりに恋人ができた人が、「こんなにも相手からの連絡を自分が待つようになるとは思わなかった」と言っていました。

仕事で忙しい相手に、つい「どうして会えないの?」というようなメールを送る衝動に駆《か》られるそうですが、そんな依存的な自分に驚いているそうです。

無意識のうちにパートナーシップを遠ざけてしまう人は、自分が傷つきやすくなる状況を避けているのです。恋愛が生みだす不安のために、自分が「重い男」「重い女」になってしまうのがイヤだと考えるからです。

そんなふうになるくらいなら、忙しく仕事をして、パートナーシップなんて忘れるほうが断然楽だからです。

「気がつくと、婚期を逃す」に注意

『20代にしておきたい17のこと』から始まったシリーズ（だいわ文庫）は、10代から60代まで書いてきました。それぞれの本を書く際に、各年代の方たちにインタビューをさせていただきました。

ある程度の年齢でパートナーがいない方にも、お話をうかがったわけですが、「本当は結婚しようと思っていたんだけど、気がついたら、この歳になっていた」と語る人が多くいました。40代、50代、60代、70代ともに同じようでした。

シングルで生きてきた人の多くは、一生独身を通すという信念でそうなったわけではないようです。いい人がいたら結婚しようと考えながら、仕事ばかりしているうちに独身のままという人が少なくありません。

いまドキッとしたあなたは、そのラインにのっている可能性があります。

「私が一生独身でいくはずがない」と考えている人の多くが、望まない独身で人生を終えることになる、これが現実です。

あなたが積極的に出会いを求めなければ、パートナーと偶然道ばたで出会うことはないでしょう。この3年間パートナーがいないという人は、自分が、ひょっとしたら「一生独身」のラインにのっていないかを見てみてください。

もちろん、独身が悪いわけではありません。幸せなシングルの人もいっぱいいます。しかし、彼らは、それを積極的に選んでいるから、幸せなのです。

もしも、これからの人生でパートナーと一緒の生活を望むならば、日常的に不安に感じることを増やさなければなりません。

不安に感じることを増やすなんて、おかしいと思いますか?

不安は、できるだけもたないようにするのがいいと思っているかもしれませんが、そうとはかぎりません。不安があるからこそ、将来に備えたり、考えたりするわけです。

パートナーシップは、じつは、自分には価値がないと不安を感じながらも、誰かとつながりたいという思いがきっかけで始まるものです。

仕事で100パーセント満たされている人は、誰かとつながりたいとはあまり思いません。その必要がないからです。

将来に対して、漠然と不安を感じることが、案外パートナーシップのスタートになるのです。

「このままずっと一人で生きていくのはイヤだ！」

「誰かと一緒にいたい」

「クリスマス、お正月が一人なのは寂しい」

そんな寄《よ》る辺《べ》のない不安な気持ちをもつことで、「パートナーを真剣に探そう！」という気持ちになるのです。

なんとなく仕事に忙しくなってしまっている人は、本当にこのままでいいのか、一度立ちどまって考えてみましょう。

3

過去のハートブレイクを癒やす

パートナーシップの痛みとは

パートナーシップをもつことに不安を覚える要因の一つに、過去のパートナーシップで起きたハートブレイクがあります。

「誰かとつき合っていて、別れた」という痛みはもちろんですが、「パートナーが欲しいと思いながら、これまで誰ともつき合ったことがない」という痛みもあるかもしれません。

パートナーシップに関して痛みのない人は、誰一人としていません。

自分が好きになった人が別の人を選んだり、ある時期までは将来の約束をしていた人との関係が破綻《はたん》したりということは、どんな人にも起きています。

また、どういう人が好きなのか、自分でもわからないまま、いままでシングルの生活を続けている人は、「自分はどこか欠陥《けっかん》があるのではないのか」と感じているかもしれません。

「バレンタインデーのとき、まわりは何個もチョコをもらっているのに、自分は一個ももらわなかった」

「好きだなと思う人がいたけど、勇気がもてずに告白できなかった」

「せっかく『好きです、つき合ってください』と言われたのに、怖くて迷っているうちに、話が立ち消えになった」

こういったことも、パートナーシップのハートブレイクの一つです。

じつは、パートナーシップの道は、あちこち痛みだらけです。

これまでのハートブレイクの痛みと向き合わなければ、パートナーをもちたいという気持ちすら湧いてこないかもしれません。

なぜなら、何度も痛い目にあっているので、もうたくさんだという感じがあるからです。

それでは、理想のパートナーを見つけるどころではありません。

少し苦しいかもしれませんが、その痛みが何であるかを見ていきましょう。

どこでどう苦しんだのか

誰にでも、パートナーシップのハートブレイクはあるものです。それが、いつ、どういうときに起きたものか、あなたは覚えているでしょうか。

誰かのことを「素敵だな」と感じたとき、自動的に出てくる感情があります。それは、「この人ステキ！」というワクワクした感じと、「この人は私のことを好きになってくれるのだろうか」という不安の二つです。

その人のことを「好きだな」と思えば思うほど、「あの人は、こんな私のことを好きになってくれるのかなぁ」という不安が、ドッと湧き出てくるのです。

その不安を鎮《しず》めるためには、「その人のことを好きになる」という感情を止める必要があります。だから、多くのシングルの人は、誰かのことを「好き！」と感じる回路をオフにしているのです。

たとえて言えば、それはずっと痛み止めの薬を飲んでいるようなものです。この痛み止めを飲んでいるかぎり、誰かのことを好きになるということはありません。

過去の痛みを感じないために、ずっと痛み止めを飲みつづけている人は、飲むのをやめなければならないのです。そのためには、自分がどこで苦しんだのかを思い出していく作業が必要です。

ハートブレイクの多くは、「自分には価値がない」という痛みが原因です。最後のデートのときに、「君じゃダメなんだ」と言われたり、「あなたには魅力を感じないの」と言われたりしたことがあったはずです。

自分に対する失望や、相手に対する失望は、自分が考えているよりも、あなたの心を傷つけています。そして、「もう二度とあんな思いはしたくない」と感じて、その関係が終わっているはずです。

その痛みを癒やさないと、次にはいけません。

うまくいかなかった理由

ここで、なぜ、いままで理想のパートナーシップをもつことができなかったのか、考えてみましょう。パートナーがいる人も、ぜひとも考えてみてください。

自分が好きになった相手に対して、「自分のことも好きになってくれるはずだ」、あるいは、そうなってほしいという思いが重すぎて、お互いが潰《つぶ》されてしまったことがあったかもしれません。

「自分のことを理解してほしい」気持ちと、「どうして理解してくれないいんだ!」という怒りに挟《はさ》まって、身動きがとれなくなることがあります。うまくコミュニケーションをとれないまま、その感情はつき合った期間のぶんだけ、累積《るいせき》債務《さいむ》のようにふくれあがったことでしょう。

そして、ついにあるとき、何かの事件をきっかけに爆発して、相手と自分を吹き飛ばしたかもしれません。きっかけは、ささいなことだったはずです。

お互いの思いがすれ違ったり、がっかりしたりすることによって、パートナーシップは終わりを告げます。ある意味で、「この人と一緒にいても素晴らしい未来はない」とどちらかが感じたときに、その関係は終わるのです。

パートナーシップの難しいところは、一方は問題ないと思っていても、もう一方が絶望してしまうと、その関係を続けることができないことです。

あなたにも、過去に、なぜ自分がふられたのか、いまだに理解できないケースがあるかもしれません。もちろん、相手には別れる理由があったはずですが、別れを告げられたとき、まるで不意打ちをくらったように感じたことでしょう。

そのために、「パートナーシップは怖い」と無意識のうちに感じて、次の関係をスタートできない人は多くいます。

過去にハートブレイクを体験した人は、何が原因だったのかということをぜひ探ってみましょう。

怒り、無価値感に対処する

多くの場合、過去のパートナーシップでできた傷は癒やされないまま、絆創膏《ばんそうこう》を貼ったままになっています。

そのときに「怒りが爆発した」「拒絶された」「絶望した」「傷ついた」という感情が生傷のまま残っている人は多いのではないでしょうか。

新しいパートナーと向き合うとき、応急処置でとめてあっただけの絆創膏がはがれて、当時の痛みを再体験することになります。そのために、素敵な人が現れても、できるだけ近寄らないようにしたり、そもそも、そういうふうな人には会わないようにしたりして人生を設計してしまうこともあります。

独身の女性で、出会いがまったくないという人がいました。

職場には、オジサンの既婚者しかいないし、とくに趣味もないそうです。

「毎日の通勤電車以外、パートナーになりそうな人と出会う場所がありません」と言っていました。それだと、まさしく、パートナーシップをもてないラインにのってしまっています。

本人は「出会いの場所がない」と不満に思っていても、じつは、そんな状況にしてしまっているのが自分自身であることに気づいていません。

こういう人は、「どうせ自分なんか愛されない」と無意識で考えているのです。自分の価値を低く見積もって、それでいて、そのことに怒りを感じています。怒りは、まわりの人たちに向かっています。自分を愛してくれない人たち、認めてくれない人たち、両親、家族に対してイライラしたり失望したりしています。

でも、愛されないと決めつけているのは、誰でもない、自分なのです。

あなたは、愛される価値のある存在です。あなたは愛に値するのです。それを意識することで、パートナーシップがもてないラインから、パートナーシップがもてるラインに乗り換えることができるでしょう。

4

うまくいっているカップルを見る

パートナーシップは楽しい！

この本を手にとったあなたは、「パートナーが欲しい」と思って、ここまで読んでくださっていると思いますが、心の底では、パートナーシップに対して、どこか手放しで信頼できないところがあるのではないでしょうか。

それは過去に、自分自身がパートナーシップで傷ついたり、自分では体験していなくても、自分の身近な人がパートナーに裏切られたりしたのを見たせいで、トラウマになってしまったかもしれません。

そうしたトラウマをもちながらも、誰か好きな人と一緒にいたいというのは、それが人間の根源的な欲求の一つだからです。

それを否定せずに、「自分はやっぱり誰かと一緒にいたい」という気持ちを否定せずに認めるのは、気恥ずかしいでしょうが、素晴らしいことです。

そして、パートナーシップは本当に楽しいものだということがわかれば、「素敵なパートナーを得たい」というモチベーションもアップしていきます。

そのためには、「パートナーがいる素晴らしさ」を、もう一度、再認識する必要があります。

パートナーはあなたの人生の喜びを倍にし、悲しみを半分にしてくれる素敵な存在です。それと同時に、あなたが年齢を重ねていくときに、いろんなものを分かち合える存在でもあります。

これからの人生で、あなたがどういうことに喜び、ワクワクし、そして、落ち込み、悲しむのか、その一部始終を見ているのがパートナーです。

自分が忘れていることでも、パートナーが覚えていたりします。時には、自分に都合の悪いことを忘れていたりして、思わぬケンカになることもありますが、それも含めて、あなたの人生の多くを見届けている存在なわけです。

もしもパートナーが死んでしまったら、それを覚えていてくれる人は誰もいなくなります。

ある70代の男性と話をしたことがあります。奥さんが亡くなって、何がいちばん寂しいかといえば、若い頃の貧乏時代に住んでいたアパートの間取りだとか、当時の友人の名前、一緒に行った旅行先での食事がまずかったことなど、昔の些《さ》細《さい》なことを語り合えないことだと言っていました。

パートナーがいると、あなたがこれから過ごしていく人生の、多くの面白い思い出を共有できることになるわけです。

「楽しい」「おいしい」「うれしい」といったことを一緒に体験していくのがパートナーです。もちろん、人生は面白いことばかりではありません。「つらい」「苦しい」「失敗した！」というときも、やはりそばにいてくれる。そんなパートナーをもちたいと思いませんか。

もし、少しでもそう感じるなら、自分にだけ聞こえる大きさでいいので、独り言を言ってみてください。

「私は、パートナーが欲しい！」

そのとき、感じるワクワク感、不安、気恥ずかしさが、あなたを前に運びます。

幸せのお裾《すそ》分《わ》けをもらう

パートナーシップが素晴らしいと感じるためのいちばんいい方法は、うまくいっているカップルをごく間近に見ることです。

それは、デートスポットで、なんとなく他のカップルを観察することに始まり、友人のラブラブなカップルと一緒にいることです。できれば5年以上幸せな関係を続けているカップルなら、なお素晴らしいと思います。

なぜなら、つき合って間もないカップルのロマンスの炎は、たいていは、すぐに消えてしまうからです。

3年以上幸せに過ごしているカップルには、もっと安定した愛があふれています。20年以上素晴らしいパートナーシップを続けてきたカップルからは、他では体験できないような深い信頼と友情が感じられるでしょう。

パートナーシップを上手にもつことができたカップルからは、深いところから来る幸せ、人生に対する信頼、人生を楽しんでいる雰囲気がにじみ出ます。感性のいい人だと、そういう空気を感じられるのではないでしょうか。

そんなカップルを間近に見ることによって、「自分にも、こんなパートナーシップが欲しい」という気持ちが高まってくるのではないかと思います。

幸せなカップルと一緒にすごすのがいいのは、人は誰かと一緒にいて楽しめるんだという可能性を見せてもらえるからです。

それは、いってみれば、その二人が築きあげてきた幸せのお裾分けをしてもらうということかもしれません。

男性、女性は考え方、感じ方、行動のすべてが違うので、お互い理解するのは至難《しなん》の業《わざ》です。

長い年月、パートナーとしての関係を続けてきた二人は、そうしたお互いの違いの壁を、勇気、忍耐、お互いへの愛で乗り越えてきたわけです。

ワインは、時間をかけて熟成します。うまくいっているカップルには、ワインと同じように、時間をかけたからこそ生まれる独特の空気があるものです。

パートナーがいる人は、ぜひあなたのパートナーと一緒に、その空気のシャワーを浴びさせてもらいましょう。それだけで、二人の関係が嘘《うそ》のように変わることもあるのです。

私も、50年以上幸せに結婚生活を送っているカップルの家にしばらく滞在させてもらったことがあります。仲のいい彼らは、70代になっても、毎晩一緒にお風呂に入って、ケラケラ笑い声をあげながら水をかけ合っているようで、楽しい様子が聞こえてきて、こちらまで幸せな気分になったことがあります。

もちろん、ずっとそうだったわけではなく、二人とも「死ぬほど努力した！」と笑いながら言っていました。

私が「ほかの誰かと結婚することを考えられますか？」と聞いたところ、「また同じ努力をすることを考えると、いまのほうが断然いい」という答えがすぐに返ってきました。なんとも言えない幸せオーラを二人から感じたものでした。

質のいい恋愛映画を観る

残念ながら「自分のまわりには、うまくいっているカップルがいない」という人には、恋愛映画を観ることをお勧めします。

たとえば、『タイタニック』『恋空』『きみに読む物語』『ノッティングヒルの恋人』などなど、いい映画がいっぱいあります。たとえそのシチュエーションは突拍子もないものであったとしても、そこに流れる愛、恋愛に対する情熱は本物であることが多いからです。

主人公の二人が出会って、恋をする。最初から、「この人だ」とわかることもあれば、本人同士がなかなか自分の気持ちに気づかないものもあります。

思わぬ邪魔者が入ったり、試練が与えられたりすることもありますが、恋愛特有のドキドキするエピソードや甘い時間が、そこには盛り込まれています。

もちろん日常生活は恋愛映画のように、スマートにはいきません。けれども、恋愛映画のなかに出てくるパートナーシップの魅力、華やかさ、ワクワクするほどの楽しさを感じることは大切です。

それが、「私も素敵なパートナーが欲しい」というモチベーションにつながっていきます。

恋愛の素晴らしさを感じさせてくれる映画を観ることによって、あなたのなかに、「恋愛というのはうまくいくものだ」というイメージが入ってきます。

二人でいることの楽しさ、ワクワク感、情熱を擬似的に体験することで、イメージトレーニングと同じ効果が出てきます。

実際にパートナー候補が出てきたときに、ハッピーエンドが想像しやすくなります。見終わった後、どういうポジティブな未来をパートナーと生み出すのか、いろいろ想像してみてください。

ロマンスノベルも、そういう意味ではいいかもしれません。ただ、それにはまりすぎて、現実をくれぐれも忘れないようにしましょう。

もう一人分のスペースを空ける

日常的にパートナーシップを望んでいない人の多くは、パートナーが入ってくる余地がないような生活をしています。

多くの場合、その人の日常は、仕事とやるべきことで埋まっています。

たとえば、いつも残業で、家に帰ったら寝るだけの生活をしている人に、誰かとデートする余裕はありません。

忙しい人でも、水曜日は必ず定時で帰るとか、そういったスペースを空けておかなければ、パートナーが入ってくることはできないでしょう。

そうしたスペースは、日常生活のなかで、ちょっとした物理的な工夫をすることで、もつことができます。

ある女性は、枕とマグカップを2つ買うことで、パートナーを迎え入れる準備をしたと話してくれました。

誰か特定の好きな人がいたわけではありませんが、もう一人分を用意することで、なんとなく、パートナーが一緒にいるイメージが湧いたのです。

そして半年後、そのマグカップを使ってくれる人が実際に現れました。

食器やタオルを2セット用意しておくことで、パートナーがいつ来てもいいスペースをつくることになるのです。これはパートナーシップをもつうえで、とても大切なことです。

なぜなら、そこで、「誰かが隣に来てもいい」という許可を無意識のうちに自分に与えるからです。

スケジュールでも部屋の空間でも、空いたスペースには、自然とそのスペースを満たそうとして、何かが入ってくるものです。

あなたの隣のスペースを空ければ、きっとあなたに相応《ふさわ》しい人がやってくるでしょう。これを読んでドキドキした人は、ぜひ試してください。

5

自分の足で立つ

もたれ合う関係にならない

パートナーシップでいちばん大事なのは、お互いが精神的に自立した関係でいることです。もたれ合っていては、お互いが、お互いから奪おうとする関係にしかなれません。幸せなパートナーシップをもつには、しっかり自分の足で立つことが必要条件です。

自分の足で立つというのは、まず感情的に自分の人生に責任をもつことです。親離れしていることにもつながりますが、そこには経済的に自立しているということも含まれるでしょう。

相手に100パーセント依存しない関係をつくるには、まず自分が、過度に相手に依存していないことが前提になります。

パートナーを得ることや結婚で、「心機一転」を期待する人は少なくありません。実際に、それまでの生活をまったく変えずに、パートナーとの生活を始めるのは不可能ですから、結果として、人生が変わることはあるでしょう。

けれども、それまでの人生の不満や不安、うまくいっていない部分を、結婚で帳消しにしようとするのは無理があります。

自分の課題としっかり向き合わなければ、もたれ合う関係が生まれ、そこには不健康な依存が生まれがちです。

「あなたを幸せにします」はプロポーズの常套句《じょうとうく》ですが、ただ相手に頼るだけでは、結婚して幸せ感を得たとしても、それは長続きしないでしょう。

いつも問題を抱えていて、イライラして、怒って他人になんとかしてもらおうとする人と、一緒にいたいと思う人はいません。相手に解決してもらいたいと感じる問題の多くは、あなたが解決しなければいけないことです。

自分の足でしっかり立つことを意識しましょう。

自分をしっかりもって、やりがいのある活動をする

相手に対して「魅力的だ」と思ったり、尊敬したりするのは、「この人は自分をしっかりもっている」と感じられたときではないでしょうか。

相手が男性でも女性でも、自分をしっかりもっている人は魅力的です。

それがたとえちょっとずれていたとしても、自分なりの考え方をはっきり相手に伝えられる人は、より輝いて見えます。

愚痴ばかり言う人、たとえば、自分が任されているプロジェクトに対して不平不満ばかりをもっている人は、魅力的には映りません。

自分がやっていることに誇りをもっているかどうかで、その人の魅力度は違ってきます。

仕事の相手を選ぶときに、しかたなしに担当しているという態度の人と、「こ

の仕事が好きでたまらない」という人がいたとしたら、どちらと組みたいかは言うまでもないでしょう。

たとえ、その人が未熟であったとしても、やる気のある人は応援されやすいのです。それは、人は一生懸命な人が好きだからです。

パートナーシップでも同じことがいえます。

ワクワクして自分の仕事や将来のことを語る人と、つまらなそうに語る人の二人がいたとしたら、あなたはどちらを選びますか？

人は、「この人と一緒にいたら楽しそうだ」という人に、魅力を感じるものです。そう思われるには、自分の仕事や、仕事でなくてもいまやっていることに誇りをもって取り組むことが大切なのです。

いまの人生に対して、楽しんでいる感覚がないと、この人と一緒にいたいと相手に思わせることは難しいのです。

経済的基盤を大事にする

男性でも女性でも、経済的にある程度自立していることは、パートナーシップがうまくいく条件の一つになってくるのではないでしょうか。

もちろん、借金を抱えていたら恋愛ができないということではありませんが、未来を見据えたパートナーシップをもつときに、経済的にマイナスの状態にいることは、自分も遠慮するし、相手も躊躇《ちゅうちょ》させる要因になりえます。

もちろん借金を二人で返していくというのもなくはないでしょうが、そもそも、なぜ経済的に負債を背負うことになったのかということに向き合えていないと、パートナー候補の人は、あなたとの未来に不安を感じるでしょう。

「借金があるので、それを返すまでパートナーシップはもてません」と言った人がいました。もちろん法律的にはそんなことはありませんが、ある意味で、負債を抱えた状態でパートナーシップに入ろうと思っても、気分がのらないのは、こうした精神的作用があるからです。

パートナーシップをもつ気持ちになれない人は、自分の経済状態が邪魔していないかを見てみましょう。

借金があることが問題なのではなく、借金があっても、それを把握して気持ちのうえで整理がついているかどうかが大切です。

お金の問題は、あなたが思っている以上に、足かせになっていることが少なくありません。自分の足かせは、大きいのか小さいのかを確かめてみるだけでも、あなたのパートナーシップへのモチベーションは変わってくるのではないでしょうか。

現在、経済力がない人は、自分ができることを探してみましょう。自分に稼ぐ力をつけることは、確実にあなたの自信につながります。

両親から、感情的に自立する

男性、女性として魅力がない人の多くは、両親と癒着《ゆちゃく》してしまっている人です。「マザコン」や「家付き娘」は、まさしくその典型です。

たとえば、「こんどの日曜に映画に行こう」という話になったときに、「お母さんに聞いてみる」という男性に、何人の女性が魅力を感じるでしょうか。

女性でも、何かにつけて、「実家の母に相談しないと」という人に、相手の男性はちょっと引いてしまうでしょう。

親を思うことが悪いのではありません。実際に親に相談しなければ決められないこともあるでしょう。

パートナー候補の人に子どもがいると、親にサポートしてもらっている可能性もあります。誘いに乗りたくても、親の都合を聞かなければ、自分の予定が決められないというのは当然のことでしょう。親や家族の介護に関わっているときには、それが最優先されます。

人は一人で生きているのではありません。ですから、一人で決められないこともありますが、パートナーシップで障害になるのは、感情的に親と癒着している場合です。

物事を決めるのは親で、それに自分が従うだけでは、いつまでたっても自立することはできません。また、親がどう思うかを考えて、自分のやりたいことがぶれるようだと、その人に魅力を感じる人は、グッと減ります。

まずは、自分がどうしたいかを自分で決めることです。そのうえで、親に相談するのは悪いことではありません。

なかなかパートナーが見つからないという人は、両親という惑星の軌道をぐるぐる廻《まわ》っていないか、見ておきましょう。

親孝行は素晴らしいことですが、感情的に親と癒着しているあいだは、健康的なパートナーシップはもてないと考えておいてください。

自立と依存の心理

パートナーシップでやっかいなのは、あなたのことが好きだと言ってくれる人に対して、魅力を感じにくいという心理があることです。

それは、好きだと言った時点で、相手が「依存」に入るからです。

相手の表情や雰囲気のなかに、「嫌われたらどうしよう」という怖れや不安があるのが見えてしまうのです。それと同時に、「好きになってほしい」というニーズも見えて、面倒くさくなったり、期待を感じて、重くなったりするのが、一般的な傾向だといっていいでしょう。

人間は意外と残酷なもので、不安を抱えたり、ドキドキしたり、自信がないという相手には、魅力を感じないという心理があります。

誰かが自分に対して好きだと告白してくれた瞬間に、人間関係の力学が働いて、その相手は「あまり魅力を感じられない存在」になってしまうのです。

パートナーシップの質問をしてくるシングルの多くの人が、「まったく出会いがないわけじゃないんですけど、言い寄ってくる人は、タコかイカばっかりです」というふうなセリフを言うのは、そういう力学が起きるからなのです。

一方、自分が誰かのことを好きになって、勇気をもって告白するときも、同じ力学が働くので、あなたはあまり魅力的には映らなくなります。

「自分には魅力がない」「こんな自分を受けとめてもらえるだろうか」「拒否されたらどうしよう」と思って不安にかられていきます。それと同時に「イエスと言ってほしい」「自分を受け入れてほしい」という莫大《ばくだい》な期待も隠しもって相手と向き合うので、緊張するなというほうが無理な話です。相手からすると、重くて面倒なエネルギーをまとうことになるわけで、当然、そうなると、こんどはあなたが、「魅力のない存在」になってしまうわけです。

これは、人間関係の自立と依存のゲームで、「自立」に入った人が、より魅力的に「依存」の人には見えるという力学が起こります。

パートナーシップに入れない人の多くは、知らないうちに、このゲームに入り込んでしまいがちです。告白してくる「依存」の人を面倒くさく感じ、逆に、自分が好きになる相手にとっては、自分が重い存在になってしまったりするのです。「好きになってくれた人としかつき合ったことがありません」という人は、じつは、自分が面倒な存在になりたくないために、自分から人を好きにならないようにしてこれまで生きているのです。

そのために、たとえつき合うようになっても、相手に対して、あまり愛を感じたり、好きになったりすることができなくなるのです。

告白されると、すぐにつき合ってしまう傾向がある人は、自分が「依存」に入るリスクを冒さないぶん、相手に対する愛情も感じられないという結果になります。そして、自分が積極的に攻めていって告白する人も、相手がつき合ってくれて、しばらくすると相手が「依存」に入る可能性があります。そうなると、それまですごく好きだったのに、相手に途端に魅力を感じなくなったりするのです。

パートナーシップで、「最初は魅力を感じていたのに、まったく魅力を感じられなくなった」、あるいは「最初から最後まで魅力を感じられない」ということが起きるのは、この「自立と依存のゲーム」にはまってしまったからです。

恋愛にかぎらず、仕事の場で、上司と部下、取引先との関係でも、こうした力学は働きます。

「自立と依存のゲーム」で勘違いしやすいのが、そんな関係になってはいけないのだと考えてしまうことです。あるいは自立すれば勝ちだと思うことです。

自立と依存の関係は、自然に起きることなので、それ自体が悪いわけではありません。ただし、それが色濃く出すぎると、いい関係は築けなくなります。

あまりに、それが極端になってしまうと、依存の人は、相手からの拒絶を恐れるばかりになってしまい、相手からは、重い存在にしか感じられなくなります。

それではお互いに魅力を感じ合えないということを知ってほしいのです。

理想は、お互いが健康的に依存し合う関係です。なぜなら、「お互いが必要」というのが、パートナーシップの基本だからです。

6

両親の影響から抜け出る

あなたの両親のパートナーシップは？

多くの人のパートナーシップが疲弊する原因の一つに、「自分も両親のようになってしまうのではないか」という怖れがあるのではないでしょうか。

両親が離婚したり、仮面夫婦だったりした場合、あなたはパートナーシップに対してマイルドに絶望しているかもしれません。

まわりで幸せなカップルがいたとしても、「どうせ長く続かない」と密かに判断してしまいがちなら、それは、自分の両親を彼らに投影しているからです。

ここで、あなたの両親がどういうパートナーシップをもっていたのかということを見てみましょう。

両親の夫婦関係が素晴らしい人は、良好なパートナーシップをもつ傾向があります。「自分もあんなふうになりたい」と思うからですが、逆に両親があまり幸せでないなら、「絶対に、ああはなりたくない」と考えて、無意識のうちにパートナーシップを避ける傾向があります。

言うまでもないことですが、あなたの両親の関係をなぞらなくてもいいことは知っているのに、心のどこかで、「同じようになるんじゃないか」と不安に感じている人は少なくないようです。

思い返せば、あなたの両親がケンカをたくさんしていたり、別れたりしたとしても、仲がいいときもあったはずです。

想像できないかもしれませんが、あなたが生まれていることを考えると、それが何十年か前のことだとしても、どこかで愛のスパークはあったわけです。

あなたの両親は、どうしてお互いに惹《ひ》かれたのか、それを想像してみましょう。

最初に、あなたのお父さんの立場から、お母さんを見てください。

当時、お母さんには、どういう魅力があったのでしょうか。

こんどは、あなたのお母さんの立場から、お父さんを見てみてください。

お父さんは、どういうふうに素敵だったのでしょうか。

一時的にせよ、二人の間にはロマンスが生まれました。

お父さんとお母さんが、どのようなロマンスを経た結果、あなたが生まれることになったのか。そこを考えてみましょう。

当時のことを二人に聞くと、「見合いだから恋愛なんかなかった」とイヤそうに答えたりするかもしれませんが、たいていの場合は、照れてそう言っているだけです。ロマンスと言えるほどのものではなかったと、本人たちが言ったとしても、どこかで、お互いを好きになった歴史が、そこにはあったはずです。

あなたの両親のパートナーシップのいいところを、娘、息子の視点からではなく、別の角度から見てみてください。

「そんなことを想像するのはちょっと気持ち悪い」と思うかもしれませんが、二人を男女の観点から見ると、まったく違ったものが見えてきます。

そして、いいところは学び、あまり必要のないところは、見習わないようにしましょう。

あなたの両親のコミュニケーションは？

前項では、あなたの両親のパートナーシップを考えてみましたが、この項では、あなたの両親が男性として、女性として、どのようにコミュニケーションをとっていたのか。過去を振り返って、思い出してみてください。

一般的に、男性はあまり自分のことを表現しないものです。そして、女性は、そういう男性に対して不満をつのらせる、というのがありがちなパターンだといってよいでしょう。

あなたの両親にも、そんな図式が当てはまるでしょうか。

もしも、不満があった場合でも、その不満すらお互いに言い合わなかったはずです。また、遠慮なしに傷つけ合うようなコミュニケーションをとるなど、二人にはある特定のパターンがあったはずです。

そして、そのパターンは、知らないうちに、あなた自身にも刷り込まれている可能性があります。

お父さんに対して、「こういう人だ」「こういうパターンの言動をとる」と判断していることがあったら、自分もパートナーに対して、同じようなことをしてしまいがちだと思っておくといいでしょう。

たとえば、父親が寡黙《かもく》で、自分の言いたいことも言わないタイプの場合には、「男性は、自分の言いたいことは言わないものだ」という観念をもっている男性がなかにはいます。すると、ケンカしても、その人は黙ってしまうかもしれません。

同じように、母親が愚痴ばかりこぼしていた女性は、「女性というのは愚痴をこぼすものだ」と刷り込まれています。それがイヤと思っていても、気がついたら、自分も同じようなことをしているのです。

こうして見ていくと、あなたの両親のパートナーシップのコミュニケーションのスタイルが、知らないあいだに、あなたの人生に色濃く影響を与えていることに気がつくかもしれません。

夫婦ゲンカで、もっとも相手から言われたくない言葉の一つに、「あなたはお父さんとそっくり」「お母さんに似てきた」というのがあるそうです。

それだけ、「自分は絶対に、あんなふうにはなりたくない」と思うものに、人はなってしまうのでしょう。

パートナーに裏切られて、同じように父から裏切られたときの母親の姿が自分に重なったという人もいます。親と同じような自分になりたくなくて、パートナーシップそのものを遠ざけてしまう人もいます。

前にもお話ししたように、自分のパートナーシップが、両親のものと同じにならなければいけないわけではありません。

大切なのは、両親のことを知って、そのうえで、自分はどういうパートナーシップが欲しいのか、どういうコミュニケーションをとっていくかを考えることです。あなたには、あなたのパートナーシップがあるはずです。

自分の理想のパートナーシップの形を見つけてください。

両親に感じた痛みを癒やす

自分の子ども時代を別の視点で見ていくと、あなたの両親のなかに、たくさんの痛みや喜びがあったことを思い出すことでしょう。

あなたの両親は、これまでの人生で、パートナーシップで、たくさんの幸せとたくさんの痛みを感じてきました。あなたに対しても、完璧な親にはなれなかったと思っているでしょう。でもそれが人間だということです。

あなたも、不完全な状態のままで、自分のパートナーシップをどうするのか、ぜひ考えなければならないのです。

両親の生き方をモデルとして、そのまま受け継ぐこともできるでしょう。

また、両親のあり方を反面教師として、「これをやってはいけない」と考えて、違う生き方を選択することも可能なのです。

いずれにしろ、あなたの両親は、自分たちの人生を使って、一つの生き方を、リアルに見せてくれました。そこから、どういうレッスンを学ぶのかは、あなた次第です。

つい「両親がこうだから、私もこうなってしまった」と言ってしまいがちですが、それはあまりにもったいないことです。

両親がどういうパートナーシップをもっていたにせよ、あなたは自分の望むパートナーシップを選べるという考えをもつほうが健康的ではないでしょうか。

あなたの両親のパートナーシップが、どうなったのかを総括することで、あなたがどういうパートナーシップをもちたいのかを、よりはっきりさせることができるでしょう。

そして、できれば素敵な例を見せられなかった両親を許してあげてください。

それによって、あなたも自分が間違いを犯したとき、自分を許してあげられるようになります。それが、両親からあなたへの贈り物でもあるのです。

シングルペアレントで育った人の結婚観

シングルペアレントで育った人は、父親、母親が不在であるという状態が普通だったと思います。シングルマザーに育てられた女性は、自分自身もシングルマザーとして子どもを育てる傾向が強いそうですが、自分が小さい頃に体験したことを、そのまま引き継ぐ必要はありません。

シングルで自分を育ててくれた親には感謝しながら、自分はどうしたいのかを考えてみましょう。

「自分にはいい母親だったけれど、自分が大人になってみると、女としての母親の人生は、寂しいものだったんじゃないかと考えることがあります」

という女性がいました。

彼女はまだ独身ですが、いろいろ話を聞いてみると、自分がパートナーをもって幸せになると、母親に悪いと考えているようでした。

彼女にかぎらず、自分を育てるために、親は犠牲になった、不幸になったと考える子どもは、自分が幸せに生きることに対して罪悪感をもつようです。

けれども、親の人生は、親にしかわかりません。

あなたが、子どもの立場から見て、親の人生を不幸だったと決めつけるのは傲《ごう》慢《まん》かもしれません。子どものために頑張ることは、親にとっては、なにものにも代えがたい幸せだったかもしれないからです。

子どもをもってみるとわかりますが、子どものためにできることは何でもしたいというのは、人間の本能にも根ざした深い愛の感情です。

ですから、親に対して育ててもらったことへの感謝をしつつも、同時に自分の人生をつくってください。

人生は親子であっても、同じ人生ではないのです。両親と自分の人生に、どこかで線を引くのも大切なことです。

7

完璧な人は
いないと悟る

あなたの理想のパートナーは？

シングルの女性に多く見られるのは、「白馬の王子が、いつかやってくる」と思い込んで、ずっと夢を見ている生き方です。

パートナーシップセミナーで、「あなたは、どういう人が理想ですか」と質問したことがありますが、ある女性は、ノートを持って立ち上がり、自分の理想のタイプを教えてくれました。

彼女の理想は、次の通りでした。

・年収３０００万円以上で、
・身長が１７５センチ以上。
・有名大学あるいは大学院卒業。

・大手企業のエリートで、
・将来は独立して会社を経営する。
・すごくハンサムで、
・性格がとってもよくて、
・3カ国語が話せて、
・友達がたくさんいて、
・両親とも、いい関係。
・整理整頓ができて、
・趣味も多彩で、
・絶対に浮気をしない人。

会場ではクスクス笑い声が上がっていました。冗談半分に、「そんな男性があなたを選ぶでしょうか」と言ったところ、軽いショックを受けたようでしたが、私の意図を理解してくれて、「たしかに、そうですね」と苦笑いしていました。

彼女の「理想のタイプ」を聞いて笑い声があがったのは、「そんな完璧な男性はどこにもいない」ということが、みんなわかっているからです。

この女性だって、他の人が同じことを言ったら笑うかもしれません。けれども、自分のことになると話は別なのがパートナーシップの面白いところです。

あなたが考える完璧な人は、世界中を探してまわっても見つからないといっていいでしょう。また、そういう人がいたとしても、その人にあなたが選ばれる可能性はあまりないかもしれません。

なぜかといえば、それだけ素晴らしい人なら、同じように素敵な相手を自分のパートナーとして選ぶからです。

自分のレベルを上げないと、そういう素晴らしい人につり合いません。

多くの条件を求めるのは構いませんが、その条件を書いたあとに、「この人は、自分を選ぶだろうか」ということを、ぜひ考えてみてください。

パートナーを数値で評価してみる

パートナーシップに関する大規模な調査で、「自分とパートナーを数値で評価する」ということが行なわれたそうです。

たとえば、「容姿」を「1から5までで評価する」というものです。

評価の項目は、自分の「経済状態」「家柄」「健康」「将来性」などなどがあり、そうして自分の「人間的な偏差値」を数値化するわけです。

これは絶対的なものではなくて、相対的なものですが、相手との偏差値の差が大きければ大きいほど、パートナーシップに対して不安や不満が強いということがわかりました。

人は、偏差値が自分よりもはるかに高い人よりも、自分と同じぐらいの偏差値の人と一緒にいるほうが、よりしっくりくると感じるのです。

身分制度はとっくの昔になくなっているのに、最近では、格差社会といわれて、国内で同じ地域、世代の中でも、収入の格差が問題視されています。

年収3000万円の人と、300万円の人が、同じ居酒屋で隣り合うことはあまりありません。年収3000万円の人は、自分と同じくらい収入のある人たちとつき合い、それは、年収300万円の人も同様です。

パートナーシップでいえば、格差は収入面だけにかぎりません。学歴の格差、見た目の格差もありますが、そこにあまりに大きな差があると、つき合っている人だと紹介されても、なんとなく違和感が残るものです。

ミス○○といわれるような美人と、全然パッとしない男性。

モデルになれそうなイケメンと、地味な女性。

そういうカップルを前にして、「うまくいかないんじゃないか」と予感したことがあるかもしれません。

理想のパートナーを考える前に、自分のことを数値化してみましょう。

そして、「この人はどうかな」という候補に出会ったら、相手のことも数値化してみるのです。

評価の項目も、自分でつくってみましょう。相手との意外な共通点が見つかることもありますが、その前に、項目を出すことで、自分がどこにコンプレックスをもっているか、相手に対して、ここだけは譲れないと思っているところもわかるかもしれません。

もちろん、数値が同じぐらいの人となら、幸せになれるというわけでもありませんが、新しい視点を取り入れるゲームとして一度やってみてください。

ちなみに、結婚したあとの女性の幸せ度を調査したところ、モテない男性と結婚した女性のほうが、結婚に対する幸せ感は高いという結果が出ました。それは、「この人は絶対に私を捨てない」という自信がもてるからではないでしょうか。

これを参考にするなら、幸せな結婚をするには、モテる男性よりも、モテない男性を選ぶことが一つのコツなのかもしれません。

人はみな、ダメなところがある

私たちの誰もが、ダメなところをもっています。

時間にルーズだったり、整理整頓ができなかったり、段取りが悪かったり、仕事ができなかったり、ミスが多かったり、すぐイライラしてしまったりするのです。人間的な欠陥を一つももっていない人は、どこにもいません。

パートナーシップは、その欠陥をお互いが補完し合って、許し合って、受けとめ合って、よくなっていきます。

多くの場合、自分のことを棚に上げて、相手に完璧を求める傾向がありますが、すべてができる人はいません。

あなたがしなければいけないのは、「これは許容できる」という範囲を最初から設定しておくことです。

「すべてに完璧な人はいない」という前提で、パートナーを探してみましょう。

幸せなパートナーシップはつまるところ、どれだけ相手をそのままで受け入れられるかどうかにつきます。

そして、あなたもありのままの状態で、相手にどれだけ受けとめてもらえるかがカギになってきます。

自分がダメなところをわかったうえで、自分を受けとめてもらう。相手のダメなところ、イケてないところ、よくできていないところも受けとめてあげる。お互いへのフォローが、二人の結びつきを強くします。

「こんな僕（私）だけど受け入れてくれる？」「こんな私（僕）でいいの？」というふうなことを正直に言い合い、お互いを受けとめることが、より二人の結びつきを深めることになります。

お互いに完璧を目指すよりも、不完全なまま相手を受けとめられるかどうか、これを一つの基準として考えてみてください。

8

「男性」「女性」を理解する

自分と違う人、違う考え方を受けとめる

パートナーシップはつまるところ、「自分とは違う人と、時間と空間を共にすること」です。他人の人生という体験を共有する友人です。

前でも少しお話ししたように、人生のある時期、自分の人生を目撃してもらう証人のようなものでもあります。

自分の30代、40代、50代、60代を見てもらう。ごく身近な友人に見てもらえたとしても、パートナーほど自分の人生を事細かく見てもらえる相手はいません。

自分の喜び、達成感、悲しみ、絶望感、罪悪感、遠慮、そういったものをすべて受けとめ合うのが理想のパートナーシップです。

けれども、そんなパートナーシップをもっている人は、ごく少数でしょう。100パーセント自分の思うように、パートナーが受けとめてくれることはまずあ

りません。なぜなら相手は自分とまったく違う感性で物事を捉えるからです。

男性の考え方、感じ方、女性の考え方、感じ方は全然違います。

たとえば、男性は愚痴を言うときに、ただ単に聞いてほしいだけではなくて、どう解決するのか、アドバイスをほしがります。それに比べて、女性は、別に解決策を求めているわけではなく、ただ聞いてほしいだけだったりします。

したがって、男性は、ただ愚痴を聞いているだけでは相手が物足りないだろうと考えて、一所懸命に解決策をアドバイスしようとします。

けれども、女性はただ聞いてほしいだけですから、そんな解決策を提案されるのは面倒だし、逆に「ちゃんと聞いてもらっていない」と不満を抱くわけです。

こうした感性のズレが、お互いをイライラさせることになります。

男性、女性で、感じ方、考え方に違いがあるということを理解しておかないと、自分ではよかれと思っていることが、逆効果になるのです。

パートナーシップのケンカの多くは、「なぜわかってくれないの」「どうして何もしてくれないんだ」「なぜこんなことをするの?」という、「期待」と「ニーズ」の押しつけ合戦です。

けれども、よくケンカの内容を聞いてみると、ケンカそのものが、男性女性のコミュニケーションの違いに起因しているケースが多いのです。

パートナーと上手にコミュニケーションをとるには、このあたりのことをよく知っておくことです。相手が自分のことをイヤになったわけでも、馬鹿にしたわけでもないことがわかれば、もっと安心できるでしょう。

また、自分の言い方の問題で相手が不快に感じたり、傷ついたりしたのだとわかれば、謝ることもできます。そういうことを知らずに、相手に嫌われたと思って、心を閉ざしてしまって、関係が終わってしまうことが悲劇です。

女性はなぜそう感じるのか、男性はなぜそう考えるのかということを、研究しておきましょう。

男性は、こう考える

「男性とは」という一般的な言葉で括るのは多少の危険を伴いますが、一般的に男性的な生き方、女性的な生き方というものはあると思います。子どもを産むのは男性にはできないということにも起因します。

男性の生き方、女性の生き方はこうあるべきだという社会的な観念も相まって、男性はこう考える傾向があるということを知っておくのは、マイナスではないでしょう。

たとえば男性は、自分が社会的に活躍していること、自分が頑張っていることを認めてもらいたい傾向が強く、傷つきやすいということを隠して、そして自分のことをわかってもらおうとする傾向があります。

「昔はこうだった」「あんな時代もあったんだ」と居酒屋の片隅で、延々と過去の自慢話をして、まわりの人を困らせるオジサンがいますが、これは、自分のことを認めてほしい、わかってほしいという痛々しい気持ちの表れです。

「自分のことをほめて」と言う代わりに、延々自慢話をしているわけですが、女性はそういったことを一般的にはやりません。

感情的に未熟な男性は、自分のことを認めてもらった感じがしなかったら、急に黙ってしまったり、機嫌が悪くなったりします。女性の感覚からすると、「おい、おまえは子どもか！」と突っ込みたくなるようなみっともなさです。

男性は誰しもそういうところがあるわけですが、それを「未熟で情けない」と切って捨てるか、「男性って、かわいいところもあるじゃない」とやさしく受けとめられるかで、パートナーシップが長続きするかどうかが変わってきます。

もちろん、人間的にただ未熟な男性も多いので、その辺の見極めは難しいところではあります。

女性は、こう考える

「女性はこういうものだ」ということを少しでも理解しようとすると、コミュニケーションは格段によくなります。

たとえばデートに誘ったときに、急に相手が口を閉ざすことがあります。なぜ黙ってしまったのか、怒っているのか、多くの男性は理解できません。

「なぜ黙っているのか」ということを察する代わりに、滔々《とうとう》と喋ったり、「なぜ黙っているの？」と単刀直入に聞いたりします。

これは女性からしてみれば無神経な行動で、「なぜ黙ったのか察するべきだ」と全身で抗議するはずですが、女性のことがわからない男性は、「言ってくれないとわからないだろう」と追い打ちをかけてきて、嫌われてしまいます。

こうしたことからわかるように、女性のコミュニケーションには、女性独自のスタイルがあります。

たとえば、無言のうちの期待があって、それを満たさないあなたは私のことを愛していないのね、というメッセージがこもっていたりします。

そのあたりの隠されたメッセージを読み解くことができなければ、あなたは一定の距離以上入れてもらえなくなります。

男性と女性では、そのコミュニケーションの方法は大きく違います。そのこと一つをとっても、男女関係がいかに難しいかがわかります。これは男性同士、女性同士でも、発生する力学は同じです。

一人が行動で幸せな関係を築こうとすると、もう一人は、言葉や感性で、お互いを理解しようとします。

たとえば、「愛している」ということを、一人は言葉で表現してもらいたいと思い、もう一人は、抱きしめることで、それを表現してほしいかもしれません。あるいは耳元で囁《ささや》いてほしいかもしれません。それは人によって、まったく違うのだと思っておきましょう。

自分のクセを知る

パートナーシップをもつうえで、自分には、どういうクセがあるのかということも、ぜひ理解しておきましょう。

たとえば自分は、すぐイライラするクセがある。

自分は何かあると、黙り込むクセがある。

喋りすぎるクセがある。

説教するクセがある。

どれもパートナーシップでは、致命的になる可能性があります。

本人はよかれと思っても、相手が嫌がることを繰り返せば、パートナーシップにマイナスのスコアがつくことになってしまいます。

それが一定数以上マイナスになったときに別れがやってくるわけですが、ただ単にコミュニケーションのクセがそうだからといって、パートナーシップを壊してしまうのは大変もったいないことです。

逆に、自分のクセを知っておくと、そのクセが相手との関係を危うくすることを防ぐことに役立てられるのではないでしょうか。

自分のコミュニケーションのクセはなかなか気づかないと思いますが、同性の友人にも聞いてみるといいでしょう。きっと、思ってもみなかったクセを指摘されて、イヤな汗をかくことになるでしょう。

そんなことはしていないと自分では思っても、別の友達に聞いたら、「そのとおり！」と言われて、ショックを受けることがよくあります。

それを指摘されたときには、顔から火が出るほど恥ずかしいと思いますが、そこを直すように努力することができれば、あなたのコミュニケーションの質はグッとよくなります。

逆に、誰かに何かを言われて、顔から火が出るほど恥ずかしくなったとしたら、「当たっている！」ということを理解してください。

残念な男性、女性をつかむ心理

ここで、イケてない男性ばかりとつき合ってしまう女性の心理と、問題のある女性に魅力を感じてしまう男性の心理についてもふれておきましょう。

恋愛は、相手に何かをしてあげたいという気持ちから始まることがあります。世話してあげたい、面倒をみてあげたいという気持ちを愛情と勘違いすると、社会的、感情的に問題のある男性、女性をパートナーとして選ぶようになります。

あなたのまわりにも、「なんであんな人を選ぶの?」という男性、女性がいるのではないでしょうか。

彼らは、自分が必要とされることに喜びを感じてしまうので、ついそういう人を選んでしまいます。借金を抱えていたり、仕事をしなかったり、男女関係にいい加減な人を選んだりするのは、そういう「人を助けてあげたい」人です。

しかし、お金を払ってあげても、アドバイスしてあげても、相手のほうは一向に変わる気配はありません。結果として自分が傷ついたり、お金を損したりということになるわけですが、いったんこういう関係にはまると、なかなか抜け出せなくなるようです。

なぜなら、自分が助けてあげているという気持ちがあるので、「家から追い出すわけにはいかない」「いま別れ話を切り出したら自殺してしまうかも」と感じてしまうのです。

これは「共依存」といわれる関係で、アルコール依存の人に、お酒を与えてしまうパートナー、暴力を振るわれても、しばらくしたらその人のもとに戻ってしまう人と同じような精神構造になっています。

そうやって苦しい関係にはまるのがイヤなので、パートナーシップ自体を避けているという人もいるでしょう。自分に問題があるなと思ったら、ぜひ専門家のサポートも受けてみてください。

9

出会いを
プロデュースする

どこで出会うのか戦略的に考えてみる

「パートナーシップを得るにはマーケティングのセンスも必要」という視点から、パートナーシップを考えてみましょう。

あなたが素敵だと思う男性、女性は、どこで暮らしていると思いますか？　どういう地域に住み、どういう場所で働き、どういうところで週末を過ごしているでしょうか。

それを調べることから、あなたのマーケティング活動は始まります。

あなたが漁師だとしたら魚が釣れる場所に行くと思いますが、あなたが望むのが大型の魚なのに、浜辺でウロウロしていたら、古い長靴しか釣れません。自分の欲しい魚を釣るためには、その魚がいる場所に行かなければならないわけです。

たとえば、「真面目で知的な男性がいい」という人が、クラブや軟派スポットに行っても、そういう人を見つけるのは難しいでしょう。

けれども、環境問題のＮＰＯのイベント、ボランティアの集まり、読書会などに行ったとしたら、そういう男性と出会う確率はグッと高まります。

たとえば料理ができる女性がいいと思うなら、料理教室や、食材、調理器具のイベントに行くほうが、クラブに行くよりも、はるかに自分の理想の女性に出会える可能性が高くなります。

自分はどういう男性がいいのか、どういう女性がいいのか。そのことを、しっかり分析して、彼らのライフスタイルを研究してみましょう。

そして、自分の理想の相手が出かけるエリアに行ってみましょう。彼や彼女が行くようなレストランで食事をすることで、波長が合ってきます。

その延長線上には、きっと素敵な出会いがあるでしょう。

パートナー候補がいそうな場所に出向く

たとえば、将来は海外に住みたいと思っている人、あるいは旅行に興味がある、大好きだという人は、実際に海外に行くと、そこで理想に近いパートナーと出会う可能性があります。

短期留学をすることだったり、ちょっと変わった観光ツアーに参加したりすることによって、同じような興味を持つパートナーに出会えます。

ぜひ、自分なりのリサーチをしてみてください。

たとえば、あなたのまわりの人たちに、どこでパートナーに出会ったのか、話を聞くのもいいでしょう。

「そんなところで出会ったの！」と驚くようなエピソードをもっているカップルは、案外少なくありません。いまが幸せなカップルであれば、喜んで、自分たちのロマンスの始まりを教えてくれるでしょう。

そうして、いろいろな人たちの出会いのエピソードを聞くことで、自分の可能性も見えてきます。

あなた自身のこれまでの恋愛パターンも思い出すかもしれません。どんな状況のときが、いちばんあなたらしく、自分を表現できたでしょうか。

私の場合を考えてみると、英語関係のことをしていたときというのは、自分でも自信をもって振る舞えたような気がします。

英語でコミュニケーションを取っていたときに、パートナーだけでなく、大切な人との出会いがありました。

人によっては、それはアウトドアであったり、料理教室であったり、ホームパーティであったりするでしょう。

ぜひ、理想のパートナーに出会えそうな場所を探ってください。

自分がいちばん輝ける場所で出会う

前にもお話ししましたが、私は外国の人と一緒にいる空間だと、自分のいちばん楽しくていい部分が出せるような気がします。

あなたも、自分にとってそういう場所に出向くことが大切です。どんな場所がいいかは、人それぞれですが、パートナーシップは、自分らしさを発揮できる場所で出会うというのが、とても大事です。

あなたが、いちばん格好よく素敵に見えるのは、どういう場所でしょうか。

自分でも素敵だな、格好いいなと思えるところで出会った人とは最高の出会い方ができます。

たとえば、あなたが、ボランティアの会の世話役をしているとします。その会でスピーチすることもあるでしょう。そのときの、あなたの様子を「魅力的だ」

と感じた人が、あなたのパートナー候補になるわけです。

自分がいちばん楽しくて、ワクワクして、「この瞬間が楽しい」と思うときに、あなたは輝きます。

あなたが自分のことを好きになれて、楽しくてたまらない場所に行ってみましょう。あなたの幸せなエネルギーがいっぱい自然に出てくるような場所にいることで、あなたのパートナー遭遇率は高まります。

そういうときに撮った写真をソーシャルメディアにアップするだけで、反応してくれる人は出てくるでしょう。

あなたが輝く瞬間を見てもらえる人数を増やしていけばいいのです。きっと、そのうち、まぶしいあなたに魅力を感じて、アプローチしてくる人が現れます。その人は「あなたの記事を見ましたよ。素敵だと思いました」と言って、話しかけてくるはずです。

パートナー候補にどうアプローチしていくか

パートナーシップの始まりに大事なのは、運命的な出会いを感じることです。

たとえばある場所で出会って、また別の場所で出会うと、人は運命を感じます。「出会うのは運命なんだ」と相手に感じてもらえるようなプロデュースも、積極的に考えてみてください。

出会いだけじゃなく、アプローチ方法も考える必要があります。

いきなりメールや電話で「つき合ってください」と言っても、たいていの場合、相手は引いてしまうでしょう。

毎週配信している無料のインターネットラジオ番組 Podcast「本田健の人生相談～Dear Ken～」に寄せられる質問にも、「友達から恋人になるには？」というものがよくあります。

パートナーシップには段階があります。

まずは「知り合いのステージ」です。まったくの他人というわけではなく、名前と何をやっているかを知っているけれど、人間的にはあまり知らないという状態です。この段階では、まだ相手に対して警戒心をいだいていて、「いきなりひどいことはされないけれど、まだ安心できないぞ」という感じです。

この段階から人間関係が構築されていくわけですが、仕事上のつき合いの多くがここで終わります。せいぜい出身地ぐらいは話題に上るかもしれませんが、結婚しているかどうか、子どもはいるか、趣味は何か、どんなことを考えているかなどを語り合うわけではありません。

生理的に受けつけないような不潔感を与えたり、失礼な言動をしたりしているようでは、このステージで終わりです。仕事ならぎりぎり対応してもらえますが、それ以上の関係を望むのは無理でしょう。

次が、「友達のステージ」です。このステージが、パートナーシップのスタート地点になります。

お互いを知り合っていく過程で、「この人、素敵だな」と思うためには時間が必要です。この時間が短すぎると、のちに関係が簡単に破綻《はたん》する可能性が高くなります。あせらずに、このステージを楽しんでください。

「友達のステージ」のあいだに、自分の人となりを理解してもらい、同時にこちらも相手を理解するというステージがあります。友人として楽しい、一緒にいたいと感じなければ、次の恋人のステージにはいけません。

かといって、この友達のステージに長くいすぎると、家族のようになってしまって、恋人としてお互いを見ることができなくなります。

次の「恋人のステージ」にどうつなげていくのかを考えておかないと、いつまでたっても、友達のステージから出られなくなってしまいます。

出会いをつくると同時に、相手との関係を変えていくことも、ぜひ戦略的に考えてみてください。

10

友達に
紹介してもらう

結婚の相手は友人の紹介で見つかる

いままでいろんな人に話を聞いてきましたが、結婚相手を見つけたきっかけで多いのは、「友人の紹介」と「職場での出会い」です。

もしあなたの職場にシングルの女性、男性がいなければ、あなたのパートナーと出会う可能性は友人の紹介にかかっています。

友人の紹介や、友人のパーティで会ったのが結婚のきっかけになった人は多いので、たくさんの友人をもっている人は、パートナーを見つけるには有利だということがわかっています。

あなたと同じ趣味やあなたと似た感性をもっていて、幸せな結婚をしている友人の紹介なら、あなたのパートナー候補に近い人が見つかるはずです。

とは言うものの、多くの人が、友人に紹介を頼むのは躊躇《ちゅうちょ》してしまうのではないでしょうか。また、友人の多くがもう結婚している、あるいはみんなシングルだという場合もあり得ます。そういう人は、自分に出会いが少ない理由が理解できたかもしれません。

私の友達で、親友同士が結婚したという人がいますが、まさしくそれは「友人同士が引き合いやすい」という一つの例です。

なぜなら、男性、女性の趣味は多少違ったとしても、価値観などは共有している可能性が高いからです。

友人の紹介で会うと、パートナーシップのストレスはグッと減ります。

デートサービスや結婚紹介所で紹介された人と会うのと、友人の友達と会うのとでは、最初から信頼性とか安心感が違うというのは理解できるでしょう。

パートナーを探すなら、いちばんの狙い目は、友人の紹介だと考えてみてください。

積極的にパーティに行く

「そうはいっても、友人はほとんど結婚してしまった」

「もともと、あまり友人がいないんです」

という人は、積極的に人が集まる場所に行くことを意識してみてください。

パーティやイベント、人が集まる場所には必ず、出会いがあります。

とくに自分が好きな美術作品の展覧会や、好きな作家のパーティ、あるいは映画の集まり、趣味の集まりに行くと、自分と趣味嗜好《しこう》が似ている人が来ている可能性があります。


私が主催する数百人規模で行なうセミナーでは、数回に1回はカップルが誕生しています。そのなかで結婚した人も、たくさんいます。

同じような価値観と興味をもっている人が集まるので、それだけお互い惹《ひ》かれやすいということもあるのかもしれません。

彼らにどういうことがきっかけで、つき合うようになったのか話を聞いてみると、ごく自然にお互いの連絡先を交換して、何度か会ううちに、自然と交際が始まったと答えてくれました。

お見合いを前提とした会では、緊張感がどうしても会場に漂いますが、違う目的の会なら、余裕をもって、まわりを見渡せるでしょう。

男女として会う以前の段階で、リラックスして会えるので、お互いどういう人物かを見極めやすいという効果もあると思います。

飲み会やパーティに誘われても、「面倒だな」と思うことは多いでしょう。

でも、そこでは思い切って、「エィッ！」と出かけてみることです。

「誘われたら行く」ということを意識するだけで、あなたがパートナーに出会う可能性は高まるでしょう。

出会いを求める

友人の紹介がパートナーと出会うきっかけになるという話をしましたが、その前提として、あなたが求めなければ出会いもありません。「出会いたい」という気持ちを、どこまであなたが正直にもてるかということですが、それを意識すればするほど、自分のことが浅ましく感じて、しまいには、嫌気がさしてくるかもしれません。

けれども、パートナーと出会いたいというのは、人間の健康的な欲望の一つです。

パートナーが欲しいという自分を浅ましいやつだなどとは思わずに、出会いを積極的に求めるということをやってみてください。

まわりにパートナーが欲しいと言ってまわる

友達に紹介してもらう作戦で効果的なのは、まわりの人たちに、パートナーが欲しいと言ってまわることです。そして、どういう人が理想なのかということを、ぜひとも付け加えるようにしてください。

私の友人で、「背が高くてスポーツマンな彼氏が欲しい」と言ってまわっている人がいました。そして、その言葉通りの人と、友達の紹介で出会い、めでたくゴールインしました。

紹介してほしいと口に出すだけでも恥ずかしいのに、どんな人がいいかまで言うなんて図々《ずうずう》しすぎないかと、思う人もいるかもしれませんが、そんなことを気にしていては、理想のパートナーを見つけることはできません。

あなたの友達にしても、誰かを紹介したいと思っても、どういう人がいいのかわからなければ、ちょっと戸惑うはずです。

でも、あなたが真剣に「こういうタイプの人を探している」といえば、それこそ親身になって、理想のタイプを紹介してくれるかもしれません。

たとえば「英語が話せる人」「留学体験がある人」「独立して仕事をしている人」……あなたが大切にしたい条件を口にしておくと、すぐには適当な人がいなかったとしても、たまたま、その条件に合った人と出会ったときには、よほどあなたに意地悪な感情をもっていないかぎり、きっと紹介してくれるでしょう。

いちばん最初の章でお話しした、どういうタイプが好きなのかをはっきりさせるというステップが大事であるとともに、それをまわりに言ってまわるということも、同じように大切です。

11

気持ちを伝える

感情を表現する

パートナーシップを上手にもとうと思ったら、感情を上手に表現するということが不可欠になってきます。

これは恋愛、パートナーシップのみならず、仕事でも家族関係でも、感情を上手に表現することは、とても大事です。

相手に対してイライラしたり、怒ったりしたときでも、人は、それを上手に表現できないで、自分の内にとどめてしまう傾向があるからです。

あなたも、身近な人がイライラしているのを見て、「イライラしている？」と聞いたら、「そんなことない」と言われて困ったことがあったでしょう。

同じように、誰かのことを好きだ、誰かのことが気に入っているということを上手に表現できる人と、口ベタなせいでぶっきらぼうな印象を与えてしまう人とでは、恋愛の成果も大きく違ってきます。

自分が「楽しかった」「つまらなかった」「うれしい」……そういう感情を上手に表現する練習をしてみましょう。

あるとき講演会で、最前列に座ったサラリーマンふうの人が、腕組みをして私の講演を聞いていました。年配の、「課長」というよりは「部長」と呼ばれるほうがピッタリ合う、そんな方でした。

この人は講演中、ずっと目をつぶっていました。みなさんが笑うような場面でも、眉一つピクリとも動きません。聴いているのがよほどイヤなのだろうと、ドキドキしながら話をしました。ようやく講演が終わると、その最前列に座っていた部長ふうの方が私に向かって、ツカツカと歩いてきました。

そして私の手をつかむと、

「いままで聴いたなかで最高の講演でした！」

と興奮した面持《おもも》ちで言うではありませんか。私は、てっきり文句を言われると思っていたので、びっくりしました。

思わず胸をなで下ろしましたが、「だったら、そう早く言ってよ」という気分にもなりました。

私の話をいいと思ってくれていたなら、大きく頷《うなず》いたり、ニコニコしたりしてくれたら、講演のあいだ、心を平安にして話を続けることができたはずです。

それはともかく、こういうタイプの人は、すごく損をしています。

人は、「一緒にいて楽しい」「一緒にいてうれしい」ということを表現されると、その人に好意をもつものです。

まわりの友人に、冷たい印象を与えるとか、ぶっきらぼうだと言われることがある人は、ふだんから気をつけましょう。そして、鏡の前で、笑顔をつくってみるとか、よりいい印象を与えるように練習してみましょう。

また、日常のコミュニケーションでも、これまでよりも感情を表現するように意識してください。

自分の感情を見る

感情を表現するのがよいと言われても、自分が何を感じているのかすら認識できない人はたくさんいます。

日本では、日常的に感情が大きくぶれると、社会的にあまりいい人だと評価されません。うれしい、楽しい、ワクワクするといったような、ポジティブなものは表現できたとしても、イライラ、怒りなどのネガティブな感情は、あまり日常的には表現してはいけないと多くの人が考えています。

けれども自分のなかにある、がっかりした、つまらない、寂しい、イライラしたなどの感情は、自分が認めてあげなければ、心の奥に抑圧されていきます。

それが何かのきっかけで暴発するということを、あなたも体験しているかもしれませんし、まわりで見たことがあるかもしれません。

ふだん温厚な人が誰かにイライラしたり、あるいは、些細《ささい》なことで激怒してしまったり、暴力的になったというのを最近よく聞きます。

人間関係で面白いのは、まったく自分の感情を表現しない人よりも、喜怒哀楽をはっきり表現する人のほうが、好かれるということです。

怒ったり、悲しんだり、喜んだりすることを自由に人に見せられる人は、安心感を与えます。逆に、自分の感情を抑圧して、誰にも見せない人は、何を考えているかわからない人として、敬遠されてしまいます。

頑張っていい子をやりつづけないで、いままでよりも、ちょっと自分の感情を表現してみましょう。最初は、ポジティブなものからスタートして、ネガティブな感情も、身近な人に出すようにしてみましょう。きっと、あなたの人間的魅力が増すと思います。

自分がどういうときに、ワクワクするのか、イライラするのかということを、まず自分自身でつかめるようにしましょう。

相手に「自分の気持ち」を上手に伝える

パートナーシップを上手に続けるためには、好きになった人、好意をもった人との上手なコミュニケーションが不可欠です。

ところが、ちょっとしたメールのやりとり、デートの約束、お互いにどう思っているのかを伝え合うコミュニケーションが、上手な人はあまり多くないように思います。

「この人、素敵だな」と思っても何のアプローチもせず、向こうから何か言ってくるのを待つだけの人。そして、連絡がまったく来ないことに対してイライラしたり、絶望したり、落ち込んだりしている人が少なくないのではないでしょうか。

誰かに対して好意をもったら、すかさずメールをしたり、いいタイミングでアプローチしたり、会う約束を取りつけることができる人は、恋愛でも、次のステップに進むことができます。

けれども多くの人が、この最初のアプローチの段階でつまずいてしまっているのが現実です。

そういう人に聞いてみると、「会いたいといきなり言ったら、警戒されるじゃないですか？」という返事がかえってきます。

しかし、自分から会いたいと伝えなければ、相手はあなたが興味をもっていることがわかりません。

もちろん、それで警戒されるようでは、次がないかもしれません。そこを上手にもっていく技術を身につけましょう。

この技術は、ライフワークを進めるうえでも、とても大切です。

もちろん、そのコミュニケーションの結果、嫌われたり、拒絶されたりするリスクは出てきます。でも、より人間関係を深めたいと思ったら、そのリスクは避けては通れないものです。

人間関係は感情の分かち合いで決まる

人間関係はつまるところ、相手との気持ちのやりとりで深まっていきます。ポジティブな感情とネガティブな感情の両方を、分かち合えば分かち合うほど、その人との関係は深まります。

ネガティブな感情ばかりを、たとえば、ただ愚痴をこぼすだけの関係が弱いのは、言うまでもないことですが、ポジティブな感情だけで、ただ調子のいいときだけでつながっている関係もまた、決して強くはありません。

パートナーシップを考えるうえで、ポジティブなこと、ネガティブなこと、どちらもタブーなく話し合える関係は、お互いにとってかけがえのないものになります。

ちょっとデートをして、映画を観て、食事しての楽しい関係だけでは、相手は誰でもいいことになります。

「この人じゃなければダメだ」という感情が出てこなければ、恋愛、そして結婚などへ発展しません。

彼氏や彼女がいたとしても、そこから次の段階にいけないのは、当たり障りのない関係でとどまっているからです。

自分が相手と本気でぶつかり合う。そして同時に、それをスマートにやれるかどうか。そこが、パートナーシップを上手にもてるかどうかのカギになります。

最初は、あまり上手にできないかもしれません。でも、自分が寂しいと感じている、相手のことが好きだ、もっと一緒にいたいという気持ちをストレートに伝えなければ、相手がどう思っているかも聞き出せません。

あなたがリスクを冒したぶんだけ、愛が返ってくる可能性が高まるのです。

12

デートに出かける

パートナー候補と外に出かけてみる

パートナーを見つけるとき、特定の男性、女性と二人だけのプライベートな時間をもたないと関係は深まっていきません。

「二人きりの時間」がとても大切になりますが、これは多くの人にとってストレスを感じる状況でしょう。

パートナーとして意識していなかったとしても、シングルの男性、女性と一緒にいると、それだけで緊張する人は多いのではないでしょうか。

しかし、そのシチュエーションが緊張するからといって、特定のパートナーがいない男性、女性と出かけなければ、次がありません。

パートナー候補の人とは、外に出るということを、ぜひやってみてください。

ストレス度合いから見ると、ディナーよりもランチのほうがまだ楽だと思います。

一緒にランチをとるのは悪くありませんが、それでも気まずいと感じるようならお茶をするだけでもよいでしょう。食事を一緒にするよりも、一緒にお茶を飲むだけのほうが、少しストレスが少ないはずです。

ディナーよりはランチ、ランチよりはお茶、お茶よりは立ち話という順で、とにかく二人きりの空間をもってみるというのが最初のステップになるのではないでしょうか。

それでも、二人きりは無理だという人もいるかもしれません。

そういう人は、ふだんの礼儀正しい挨拶《あいさつ》よりも、一歩近い感じのメールを送ってみましょう。

人によっては絵文字を使うことかもしれないし、ややくだけた表現を使うことで、ふだんよりは、やや一歩近づくことができます。

この一歩すら踏めないと、残念ながらパートナーシップの芽は出てきません。

親しげなメールを送っても、ビジネスライクなお堅い返信がきて、がっかりしたこともあったでしょう。自分が「軽い感じのメールを送ってしまった」と後悔したこともあったかもしれません。

でも、そんなときに、めげずにまた2通目、3通目のメールを出す必要があります。そうしてアプローチしていくプロセスで、知り合いから友人へ、そして恋人へのシフトが起きるのです。

相手の人は、メールをもらって、ひょっとしたら嬉しかったかもしれませんが、社会人として丁寧に返さなければいけないと考えていたので、礼儀正しいメールを送ってきただけかもしれません。

このあたりを読み違えてしまうと、パートナーになれたかもしれないのに、お互いがすれ違うということが起きるのです。

あまり堅く考えすぎず、もう一歩近づきたいと思った気持ちを、大事にしてください。

テストマーケティングをする

パートナーシップをスタートする前に、その人がどういう人なのかを知る機会があったほうが、後に変な誤解を避けることができます。

同時に、自分がどういう人なのかということを、知ってもらう時間もあったほうがいいでしょう。

「知り合い以上友人未満」のような、お互いを知り合っていくステージが、どんな関係にも必要です。これは、テストマーケティングのようなものです。

先ほどのように二人で会ったり、メールをやりとりしたりするのは恥ずかしいという人は、グループで会うのも一つの方法です。

そうするとグループのなかで相手の男性、女性がどういうふうに反応するのか、グループで緊張するのか、あるいは社交的なのか、パーティ好きなのか、あるいは嫌いなのか、どういう映画が好きなのか、音楽が好きなのか、嫌いなのかなど、いろんなことを知ることができます。

最近ではソーシャルメディアなどで、一定の情報をゲットできるかもしれませんが、二人きりだと緊張するという人は、グループで会えるようなシチュエーションをつくってみてもいいでしょう。

テストマーケティングのあいだに、過去のことも思い出すはずです。

自分の前の彼氏、彼女とは、「ここで失敗したな」「ここが別れ道だったな」と、当時のシーンがよみがえるかもしれません。

けれども、もう、それは過去のことです。

「今回は前と同じ失敗を繰り返すまい」と、まったく違うキャラでアプローチすることもできます。

テストマーケティング中に、新しい自分を出してみたりするのも一つの方法です。

ふだん真面目なタイプは、必要以上ににこやかに振る舞うということをわざとしてみたり、あるいは、ふだん冗談ばっかり言っている人はちょっと真面目なキャラで攻めていったりなども、テストマーケティング中だからできる一つの方法だと思います。

人は、より多面的な人に惹《ひ》かれる傾向があります。

真面目なのにお茶目、あるいは、いい加減そうに見えて、すごく責任感が強い一面が見えたときに、相手に対してハッと感じるのです。

多面的な自分を、いかに相手に見てもらうのか。これも友人の間柄でのステージでしておきたいことです。

いずれにしろ、急にパートナーシップが深まるということは、なかなかありません。徐々にお互いの距離をつめていくことを心がけましょう。

慌てて次のステップに進もうとすると、そこで相手がひいてゲームオーバーになる可能性もあるからです。

自分の女性性、男性性のスイッチをオンにする

デートに出かけるのがおすすめなのは、それによって、あなたの女性性、男性性のスイッチがオンになるからです。

ふだん、自分の女性性、男性性を意識して生活していることは少ないと思いますが、特定の男性、女性と——たとえば、おしゃれなカフェやレストランで向かい合っていると、自分の女性性、男性性を意識することになるのではないでしょうか。

そのときに、「この人好きだな」という気持ちが出たり、「この人と一緒にいたい」「もっと一緒にいたい」と感じることがあったりしたら、そのときには、あなたの女性性、男性性のスイッチがオンになったということです。

多くの人は、そのスイッチを切って生活しています。

とくに35歳以上になってくると、そのスイッチをほぼオフにしたままで生活している人も多いかもしれません。人によっては、そのスイッチがどこにあるのかさえ、忘れてしまった人もいるかもしれません。

けれども、魅力的なシングルの女性、男性を目の前にすると、そのスイッチが知らないうちにオンになることがあります。自分の女性性、男性性を意識してしまって、居心地の悪い感じがするでしょう。男性、女性として見られていることに、ドキドキするかもしれません。

ちょっとお茶するだけで、その人と最終的にパートナーにならなくてもいいのです。シングルの男性、女性と一緒にいるだけで、あなたのパートナーシップのスイッチがオンになるので、ぜひ恥ずかしさを乗り越えて、リスクを冒してみてください。

セクシャリティと向き合う

デートに出かけるときは、ふだん以上におしゃれをしていく人が多いのではないかと思います。

そのときには、女性として、男性として、相手により魅力的に思ってもらえるようなファッションを選んだりするでしょう。

ふだん香水を使わない人が香水を使ったり、お化粧のしかたを工夫したり、肌の露出をより多くしたり、あるいは少なくしたり、いずれにしても自分の女性性、男性性を意識した雰囲気をつくろうとします。

そのとき自分のセクシャリティは、ふだんより高まっています。

デートに出かけるいちばんの目的は、あなたの女性性、男性性をよりオープンにすることです。

それは、人によってはとっても気恥ずかしいプロセスかもしれません。父親や母親、兄弟姉妹、ごく身近な友人に見られたら、それだけで、穴があったら入りたくなるような状態でしょう。ふだん見せないあなたのセクシャリティがオープンになるからです。

けれども、そのセクシャリティが外に出てこなければ、パートナーシップに進むエネルギーも少なくなってしまいます。

ひょっとしたら、何年もこのスイッチがオフになっているかもしれません。それだと、まわりの人は、あなたを男性、女性としてしっかり見てくれません。ずっとそのスイッチがオンで、まわりが仕事モードなのに本人だけちょっと違う人がたまにいますが、そういう人をいままで遠ざけてきたかもしれません。

自分のセクシャリティを抑圧《よくあつ》しがちな人は、恥ずかしくても、ちょっとだけオープンになるようにやってみてください。

髪を下ろす、明るい色の服を着るだけでもいいのです。くれぐれも自分の女性性、男性性のスイッチを切ったまま何十年も生きないように心がけましょう。

友人から、恋人への線を乗り越える

多くのシングルの人が困っているのは、友人になるところまではいけても、その先になかなか進めないということです。パーティや職場、友人の紹介で、誰かと知り合いにまではなるのに、それ以上は距離が縮まらないのです。

しょっちゅうメールやメッセージのやりとりをして、何度もご飯を食べに行ったりしているのに、友人のカテゴリーから、恋人になれない人はたくさんいます。お互いに友情が大切になりすぎて、男性、女性として見てもらうということができなくなってしまうのです。

場合によっては、5年もそういう関係が続くことがあります。

あるとき、男性が思い切って、「僕をパートナーとして見てください」と告白したそうです。その直後、相手の女性は、目に涙をためて、「なんでもっと早く言ってくれなかったの?」と嬉しそうに答えたといいます。それから、二人はつき合うようになって、結婚をしました。

逆に、同じシチュエーションで、「とてもそういう目では見られない」と相手が答えて、友人関係もそこで終わってしまうケースもあります。いずれの場合も、起こり得るわけですが、どこかでけじめをつけないと、「友人以上、恋人未満」のエアポケットに入ってしまいます。

いったん、そこに二人の関係がはまると、そこから抜け出すのは、なかなか難しかったりします。お互いの友情を失いたくないと思えば思うほど、彼氏、彼女というエネルギーを消さなければ、と気を遣《つか》ってしまうのです。

カギは、どこかの時点でどちらかが、その関係に対して、はっきりさせようとすることです。怖いかもしれませんが、「私のことをパートナーだと思っているの?」とか、「僕は君のことが好きだ。パートナーとしてつき合ってほしい」という言葉をかける必要があります。

13

ワクワクすることをやる

自分のエネルギーをアップさせる

理想のパートナーシップを得るために、役に立つのは、まずあなたがエネルギーアップして幸せになることです。

どんな人も、不幸で苦しそうな人をパートナーとして選びたいとは思いません。あなたがワクワクすることをやって、輝いているということは、とても大切な要素になってきます。

そのためには、自分のエネルギーをアップさせる何かをする必要があります。

前にもお話ししましたが、あなたが楽しいこと、ワクワクすること、イキイキすることをやることで、あなたの魅力もより高まります。

ワクワクすること、自分の好きなことに情熱を注いでいる人は輝いて見えます。

そうは言っても、何がワクワクすることなのかなぁと考える人も多いでしょう。

退屈な生活に慣れてしまうと、その感覚すら忘れてしまいがちです。

自分の小さい頃、何が楽しかったのか、嬉しいことだったのか、思い出してください。

そういえば、ダンスが楽しかった、野球をやっているときは時間を忘れた、友達と一緒に何かプロジェクトをやったときは最高だったなど、何かを思い出すはずです。

また、いま自然にやっていることも、あなたのワクワクである可能性がありま す。たとえば、ふだんよく時間とお金を使うことって何でしょうか？

旅行かもしれないし、読書、レストランで外食することかもしれません。また、夜に、寝る時間を惜しんでやることの可能性もあります。

それは、インターネットで何かの記事を何時間も追いかけて読んだり、ブログを更新したり、友達の相談に乗ってあげることかもしれません。

あなたがワクワクすることを、ぜひしてみてください。

ワクワクする場所に行ってみる

パートナーと出会うとき、そこには、ワクワクするようなエネルギーが不可欠です。そのために、非日常的な場所で会うほうが、近所のコンビニで普段着で会うよりも、パートナーシップに発展していきやすいのです。

その一つのキーワードは、「ワクワクする」ことだとお話ししました。こんどは、ワクワクするような場所をイメージしてみましょう。

あなたが、ワクワクする場所はどこでしょうか?

それは、コンサート会場でしょうか、それともきれいな景色が見える場所でしょうか。車が忙《せわ》しく行き交うのがはるか下に見える都心のタワーマンションでしょうか。人によっては、海外に行くとワクワクするかもしれません。

その場所にいて、あなたがワクワクするところを想像してみてください。自分でもちょっとドキドキするぐらいハイテンションになるような場所です。

そういうところで、誰かと出会うと、その場所のエネルギーを借りてロマンスにつながります。なぜなら、ドキドキしたり、思いきり笑ったりするあなたは、ふだんの何倍も魅力的に相手に映るからです。

また、あなたがワクワクする場所は、あなたがエネルギーチャージできる場所でもあります。そこにいるだけで、充電されていくのが、感性のするどい人なら、わかるかもしれません。

そういう場所がわかったら、事あるごとに出かけていきましょう。ちょっと時間があいたら、行ってみるのです。

そこに行くと、ふだんとは違うモードに切り替わるので、楽しいアイデアがいっぱい出てきたり、面白い人と出会ったり、ワクワクするようなことが始まります。

ワクワクしている人を探す

あなたがパートナーを望むとき、退屈な人生を生きている人と、毎日充実してワクワクして生きている人のどちらを選びますか？

多くの人が、一緒にいて楽しい人を選ぶのではないでしょうか。

そういう観点から、あなたの周辺で、ワクワクしている人を探してみましょう。

あなたが好きな分野で、ワクワクして毎日を生きている人を探すと、その人の周辺に出会いの可能性があります。

ワクワクするエネルギーは、人生の羅《ら》針盤《しんばん》です。

ワクワクしている人を見つけることができれば、その人があなたの理想のパートナーを見つける突破口を開いてくれる可能性があります。

たとえば、フラメンコダンスをやっている人を見て、あんなにワクワクしてみたいもんだなぁと思います。それまでダンスなんかやったこともないのに、そういう人を見ているうちに、急に自分でもやりたくなって、体験レッスンに行き、そのあと毎週習い始めたりするのです。

毎週練習にはまっているうちに大会があることを知り、ペアで参加したいけど、実力が足りないかなぁと思います。知り合いに聞いてまわったところ、別の教室でフラメンコを習っている男性を紹介されます。

そうやって知り合った男性と意気投合して、一緒に練習するようになり、後に結婚したりするのです。これが、自分のワクワクを追いかけていくうちに出会う縁です。じつは、こういう話はいたるところにあって、あなたも聞いたことがあるかもしれません。

あなたには、何かワクワクすることはありませんか?

それは、きっとあなたのエネルギーを上げてくれるものです。

それが何になるのか、どういう意味をもつのか、最初はよくわからないかもしれませんが、きっと意味のある何かにつながっていきます。

疲れているときは、積極的に休む

ワクワクすることをやれといわれても、そんなエネルギーが出てこないという人もたくさんいます。

そういう人は、心とからだが疲れている可能性があります。

充電の反対で、イヤな仕事をやりすぎたり、ストレスの多い人間関係をもっていたりすると、放電するようになってきます。

いまの世界では、放電することばかりです。好きでもない勉強をして、受験して高校や大学に入ります。数年の休暇はあるかもしれませんが、すぐにまた就職、結婚、子育てなどで、やるべきことリストに追いかけまわされることになります。

やりたいことではなく、やらなくてはいけないことばかりやっていると、どれだけ頑張ろうと思っても、頑張れないときがきます。

気がついたら、ベッドから起きられないぐらい、放電状態がひどくなっているかもしれません。自分のバッテリーの状態を見て、赤色になっていたら、要注意です。ワクワクすることを思いつかないとき、疲れてしまっているときは、積極的に休むようにしましょう。

そういうとき、「なんで頑張れないんだろう？」という質問を自分にしてはいけません。それでは、自分を追い込むことになります。そのかわりに、「自分は、休憩した後、何をやれば本当に楽しいんだろう？」と聞いてください。

人は、心身ともにリフレッシュしたら、必ず「何かをやりたい！」と思うようにできています。

あなたも、休むことで気力が充実して、楽しいことをやってみようという気分が必ず戻ってきます。苦しいとき、つらいとき、エネルギーが出ないときは休むということを心がけましょう。

14

迷ったら前に出る

不安は悪いサインとはかぎらない

パートナーシップには不安がつきものです。

「本当に、この人でいいのだろうか」「この人は、私のことを好きと思ってくれているんだろうか」など、パートナーシップへの道は、不安で舗装されているといってもいいぐらい、不安がここかしこに存在しています。

そして、「こんなに不安を感じるなら、前に進むのをやめたほうがいい」と考える人が多いのも事実です。

ある人と出会ったときに、「この出会いは運命だ」と感じることもあれば、それとは逆に、「これは運命じゃない」と考えることもあります。パートナーシップから遠ざかっていた人ほど、後者で考えてしまうことが多いようです。

せっかくの出会いを、「運命ではない」と決めつけてしまうわけです。

「この人との関係が不安だ」

「この人と前に進むのが不安だ」

次のステージに行くのが怖いという感情が出てきたときに、「間違った道だ」と自分の感情を直感だと勘違いしてしまう人がいますが、その直感は誤りです。

そういう場合、変化への怖れが不安となって出ているんだということを理解してください。

とくにパートナーシップのなかで出てくる「これでいいんだろうか」という不安は、「人生で失敗したくない」という気持ちの投影であることがほとんどです。

多くの男性、女性が、結婚式の式場を決めてから、なんとなく気持ちが憂鬱《ゆううつ》になるのは、それが理由です。

「これで果たしてよかったのだろうか」という迷いが出てきたときには、「ああ、不安が出ているのだな」と理解して、あまり心配しすぎないことです。

告白して絶望する人生、告白しないで後悔する人生

パートナーシップを得るための最大の難関は、好きな相手に、「好きだ！」と告白することでしょう。

できれば、相手から告白されたいものですが、そうでない場合、待っているだけでは何も変わらないのです。自分から告白しようと思っても、あなたにはその勇気があるでしょうか。

私が学生時代に一時住まわせてもらっていた、リタイヤした人が住むホームの人たちに、「いま人生でいちばん何を後悔するか」ということを聞いてまわったときに、多くの人が「○○しなかったことへの後悔」をあげていました。

「独立できたのに独立しなかった」
「好きだった人に告白しなかった」

「デートに誘われたのに、怖くなって出かけていかなかった」

「留学できたのにしなかった」

などなど、そういった「しなかった後悔」が、夜寝る前に彼らを悩ませていることに気づきました。

特に、「あのとき、告白したらどうだったのだろう?」というのは、甘酸《あまず》っぱい思い出とともに、その後の人生に、ずっとついてまわるようです。

パートナーシップでは、告白しないというのも、よくある選択です。

それは、たしかに安全な道ですが、その安全策は将来、あなたを悩ませたり、苦しめたりする可能性があります。かといって告白すれば、撃沈する可能性があることは誰でも想像がつくでしょう。

告白して大失敗して、やけ酒を飲む人生。

30年後に告白しなかったことを後悔する人生。

あなたは、どちらを選択しますか。

思いを伝える

パートナーシップで大事なのは、自分の思いを伝えることです。

寂しかった、感動した、悲しかった、嬉しかった、そういった気持ちを自由に伝えることでパートナーシップは深まっていきます。

あなたが自分の思いを伝えていなかったり、相手の思いが理解できなかったりした場合には関係は深まっていきません。

パートナーシップは自分の思いを伝え、相手の気持ちを受けとめることによって成り立っています。

一人暮らしをしている人で、月曜日の朝は声が出ないという人がいました。週末、一人でいると誰とも話をしないので、出勤して「おはようございます」と言うと声がかすれてしまうそうです。

それと同じで、自分の思いを口にすることがない人は、いざ気持ちを伝えたいと思っても、それが上手にできません。

あなたはどういうことを感じているのかを自分から積極的に言うことをクセづけないと、いざパートナー候補がやってきたときにそのチャンスをつかむことはできないでしょう。

すぐはにかんでしまう人、そして、躊躇《ちゅうちょ》してしまう人、落ち込んでしまう人、笑顔でごまかす人、黙ってしまう人、そういった人にはパートナーシップの女神は微笑《ほほえ》まないということを知っておいてください。

難しくても、ふだんから自分の感情や思いを伝える練習をしてみましょう。

ふだんからやっていなければ、ここぞ！　というときに、なかなか相手に伝えられないからです。

積極的になってみる

パートナーシップで、ほとんどの人たちが「一番大切な瞬間」に、腰砕けになってしまいます。

好きだなと思ったにもかかわらず、いざ告白しようと思ったら、「そんなに好きではないかもしれない」と思ってしまうことは結構あります。

「好きかな」と思い始めたときに、「いや、こういうよくないところがある」と相手を本当に好きだと感じるのを自分で妨げる傾向があります。

それは、「その人にのめり込んでしまったら困る」という気持ちがストッパーとして働くからです。

これまでに誰かのことを全力で愛したり、誰かにはまったりした体験がない人は、その心のストッパーがかかっているかもしれません。

とことん誰かのことを好きになったことがあるのとないのとでは、人生の充実度が違ってきます。

人を好きになって、その人に身も心も尽くしてみる。それが結果的に一時的な恋愛で終わったとしても、人生で、もっとも甘酸《あまず》っぱい思い出として残ります。

誰かのことが好きになりかけたら、とことん好きになるということを意識してやってみましょう。

誰のことも好きにならないで、好かれないまま終わる人生なのか。

誰かのことをとにかく好きになって、愛し倒す人生なのか。

自分はどちらを選びたいのか、もう一度考えてみてください。

一つの方法として、「迷ったら前に出る」ということをしてみると、ちょうどいいかもしれません。

もちろん、強くいきすぎて、相手に負担になるということもよくあるので、その辺りの力加減も、同時に意識しておきましょう。

パートナーシップには不安がつきもの

パートナーが見つかって、デートするようになったら、その後ずっと幸せになれるかというと、そうなったら、また別の種類の不安が出てきます。

たとえば、「この人は、自分のことをずっと好きでいてくれるだろうか？」「誰か別の人のことを好きになったらどうしよう」「事故にあったらどうしよう」など、数えあげればきりがありません。

パートナーシップが深まる過程で、あなたのなかに眠っていた不安や恐れがさまざまに出てきます。それを癒やすのも、じつはパートナーシップの隠れた目的でもあるのですが、当人にとっては、不安や恐れが、あたかも現実のように攻撃力をもって襲ってきます。

パートナーが、誰かをほめただけでナーバスになったり、嫉妬《しっと》心が芽生えたりします。また、相手のちょっとしたしぐさ、言葉に反応してしまったりします。過敏な人は、メールの返事が遅い、返事の文章量が少ない、文章が短いといったことに一喜一憂したりするのです。

そういうときは、深呼吸です。自分のなかの不安が暴れまわるとき、それが現実のように感じるときがあります。「この人は、自分と別れて、絶対に他の人のところにいく」「結局、自分が飽きてしまう」などのイメージがチラチラして、打ち消すことができなくなってしまうときがあります。

そして、せっかくいい関係なのに、パートナーに対してイライラしたり、失礼な態度を取ったりして、かえって関係を悪化させる人は多くいます。

場合によっては、関係を終わらせたほうが楽なのではないかと思って、実際に別れてしまう人もいます。

自分のなかにある不安と向かい合って、落ち着いて行動しましょう。

15

人生について考える

あなたにとって何がいちばん大切か

パートナーシップのことを考えることは、あなたが人生について考えることでもあります。

どういうパートナーシップを選ぶかによって、あなたの人生は決まるからです。

仕事中心で生きて、それだけで満足なパートナーを選べば、あなたは寂しい人生を送ることを選択したことになります。

家庭的な人を選ぶことは、社会的にあまり活躍しないし、経済的にもあまり恵まれない生き方を選択することにつながります。

アートに身を捧げて生きている人を選べば、退屈しない代わりに、普通の人よりも、いろんな面で不安定になることを意味します。

逆に公務員や大企業の社員を選ぶと、あなたの人生は安定する代わりに、ワクワクした生き方からやや遠ざかる可能性が出てきます。

あなたが人生について考えなければ、どういうパートナーを選びたいのかもわからなくなってしまうのです。

自分にとって何がいちばん大切なのか。それをじっくり考えてみてください。

あなたの人生には、冒険が大事なのか。安定が大事なのか。

家族の時間が大事なのか。社会的な活動や社交の時間が大切なのか。

お金、社会的地位、あるいは、ゆったりした時間。

大事にしたいことがズレていると、パートナーシップの存続すら難しくなってしまいます。

残念ながら多くのカップルや夫婦は、このことに気がついていません。

一方が仕事とお金を選択していても、もう一方は、二人の時間を大切にしたいと思っているなら、必ずそこに軋轢《あつれき》が生じます。

20年後にそのことに気づいて苦しむよりも、パートナーを選ぶ段階で、それを考えておくことはとても大切です。

パートナーとは何か

パートナーシップが欲しいというときに、あなたがパートナーシップに何を求めているのかということも考えましょう。

ある人は、パートナーに24時間そばにいてほしいと思っています。ある人は、週末だけ会えればいいと思っています。極端な場合、違う国に住んで、年に数回会えるだけで十分だという人もいます。

そういった意味で、あなたがパートナーシップに求めるものは何なのか。それをこの機会に明確にしてみましょう。

あなたの人生のいろんなことを見てもらう証人になってもらいたいのか、コーチになってもらいたいのか、愚痴を聞いてもらう相手になってもらいたいのかによっても全然違うでしょう。

あなたのパートナーに「父親」「母親」を求めるのか、恋人、同僚、戦友、ビジネスパートナーを求めるのかによっても違ってくるかもしれません。

パートナーシップのいちばんの不幸は、お互いにパートナーシップが何なのかという定義が大きくズレてしまっていることです。

仕事で初めて、大きなプロジェクトを任された女性がいました。それこそ人生のチャンス到来。寝食を忘れて仕事に打ち込みたいというときに、パートナーが人間関係で悩んでいました。パートナーは彼女に慰めと励ましを期待して、話を聞いてほしかったのです。ところが、彼女は、そんな暇があれば、仕事のことを考えたい。パートナーの存在がしだいに疎《うと》ましくなっていきました。

一方がパートナーとは、つらいときに支えてくれる人だと思い、もう一方は、仕事を邪魔しない人がパートナーだと思っているとしたら、いちばん大切なときに二人の期待がズレてしまうのは当然でしょう。

お金、仕事の意味も考える

パートナーシップがうまくいかなくなる大きな原因の一つは、お金と仕事に対する感覚の違いです。

お金の感覚、仕事や社会に対する意識というのは、その人の生まれ育った環境や社会に出てからの体験によって、人それぞれ違います。

お互いに惹《ひ》かれ合うパートナーであっても、価値観がすべて同じとはかぎりません。むしろ違っていることのほうが多いでしょう。

一方は、お金がまわれば十分だと思い、一方は、お金についてずっと不安に感じていたりします。

物を買うかどうか決めるときにも、一人は「これには、これくらいのお金を出すべきだ」と言い、もう一人は「これにそれほどの金額を出すべきではない」と言ったりします。同じ値段でも、一人は「買うべきだ」と考え、もう一人は「買うべきではない」と考える。どちらも自分が正しいと思う状況のなかで、どう結論を出すのか。これがパートナーシップの難しさです。

仕事や社会とどう関わるかは、その人の生き方を決める基本にもなるものです。二人が、人生を共に歩むと決めたときに、お金のことをどう考えるのか、仕事をどう考えるのか。家族の時間を削っても仕事を優先する意味があるのかどうかなどを含めて、事前に考えておく必要があるのではないでしょうか。

もちろん、最初からすべて一致することはないし、させる必要もありません。しかし、パートナーシップを続けていくあいだには、二人とも納得して合意する必要があります。

このあたりをどちらか声の大きいほうが強引に決めてしまうと、10年後、その抑圧された怒りが、思わぬところで噴出することになります。

家族とは何か

パートナーシップをもつことは、家族になるということです。これはなにも子どもをもつことを意味しません。二人でも、立派なファミリーとしての単位です。一人から二人になると、家族になるのです。

多くのシングルの人がパートナーシップをもつことに躊躇《ちゅうちょ》するのは、ファミリーの単位に入ると自由を失う、と感じているからではないでしょうか。

面白いのは、幸せなパートナーシップをもっている人は、シングルのときより自由が増え、より精神的に安定したと考えます。それは、家族《ファミリー》に対する定義が違うからです。

パートナーシップを考えるときに、自分にとってファミリーとは何なのかについても考えておきましょう。

パートナーシップは、あなたを縛るものなのか、あなたを自由にするものなのか。それによって、どんな相手を選ぶのかも決まってくるでしょう。

結婚したら女性は仕事をやめて、家庭に入るもの。あなたのお母さん、お祖母さんの世代には、そう考えていた人が多かったでしょう。どんなに仕事にやりがいを感じていても、仕事か家庭か、どちらか一方を選択しなければならなかったわけです。いまも変わらない、という人もいるでしょう。

子どもを育てる場合には、子育てに時間を奪われたように感じるかもしれませんし、自由な時間というものはなくなるということも現実にあります。

けれども、だから家族は自由を奪うのかといえば、そうではないのです。

家族がいるからこそ、精神的に落ち着いて、心の自由を得るともいえます。

たとえば、家族にお金がかかることを損だと考えることもできれば、喜びだと考えることもできます。

あなたは家族をどういう存在だと考えますか？

幸せなパートナーシップをもてるかどうかのカギは、そこにあります。

16

運命とパートナーシップ

赤い糸は誰につながっているのか

パートナーシップのことを考えるときに、運命を考える人もいるでしょう。ある女性は外国を旅行していたときに、道ばたである日本人と出会い、その半年後、また違う国のショッピングセンターで、その人と出会って、つき合うようになり、後に結婚したといいます。

それは単なる偶然だったのか、あるいは運命だったのかということを考えると、多くの人は運命だと考えるのではないでしょうか。

同じ会社で机を並べていたのが結婚のきっかけというカップルは、「うちは退屈な社内恋愛です」と言うことがありますが、同じ会社で同じ時期に隣同士だったということも、一つの運命といえるでしょう。

そう考えてみると、パートナーシップは、あなたの運命を左右する、もっとも不思議なものだといえるでしょう。

雑誌のホロスコープ欄で恋愛コーナーがいちばん盛り上がるのも、多くの人が恋愛に運命を結びつけるからです。

では、あなたの指に赤い糸がつながっていたとして、それが誰につながっているのか。優秀な霊能者ならわかることかもしれませんが、普通の人には、それがわかりません。けれども、それをどうやって見つけていくのかという人生の面白さが、そこにはあります。

「私の指の赤い糸は誰につながっているのか」

「私の運命は、どうなっているのか」

そう考えるだけで、ロマンチックな気分になれるかもしれません。この瞬間にも、赤い糸でつながったあなたのパートナーは、「自分の相手はどこにいるんだろう？」と考えているのです。

あなたは、その人とどう出会いますか？

運命を感じる相手、感じない相手

恋愛をもっとも盛り上げるのは、「この人と出会う運命だったんだ」という感覚です。多くの人が結婚を決めるのも、相手を運命の人だと感じるからです。

私のところに来る相談者のなかにも、同居して数年たつのですが、マンネリ化してしまって、結婚へのステップに進めませんというカップルがいました。

そういうカップルの多くが、同居しているうちに運命を感じられなくなって、うまくいかなくなっているようです。

ちょっと好きだというぐらいでは、数年もすると、二人のあいだのロマンスの炎は、とろ火になってしまいます。

パートナーシップが長続きするためには、好き嫌いを超えて、自分はこの人といる運命なのだと深いところで一度でも感じることが必要です。そういうことがあれば、少々問題や行き違いがあったとしても、それを乗り越えることができます。

お互いに運命を感じられるような存在になっているかどうか、これがパートナーシップがうまくいくかどうかの重要なカギを握るといってもいいでしょう。

では、あなたは、運命のパートナーとどうやって出会いたいでしょうか。

運命を感じやすいのは、偶然出かけた場所による出会いです。

もしもドラマチックな恋愛をしたいのであれば、旅に出ること、ふだん行かない場所に行くことです。

旅に出ることによって、ドラマチックな出会いが起きる可能性は何倍も高まってきます。旅がいいのは、お互いの気分も日常モードから離れるので、より恋愛のモードになりやすいところです。何よりもリフレッシュできるし、躍動感が、あなたをイキイキとさせます。

運命を感じすぎると失敗する

運命の出会いのいい話ばかりをしたので、マイナス面についても、ふれておきましょう。

恋愛となれば、どんなに退屈な出会い方をしても、つい運命を感じてしまうものです。ロマンスの初期の頃、「彼と出会ったのは、絶対に運命だと思う」と熱く語る友人に辟易《へきえき》としたことは、誰でもあるでしょう。

単に同じサークルだったとかぐらいでも、お母さんの名前が一緒だった、同じ映画が好きだったなど、不思議な偶然がいくつか重なるだけで、舞いあがってしまいがちです。

そうやって、ぱっと一時的に盛りあがる恋愛は、たいてい数ヶ月でうまくいかなくなるのが普通です。

その友人としばらくしてから会ってみると、「いや、運命ではなかった」とがっくりしていたりします。それだけ、パートナーシップでは、単なる偶然を運命だと感じやすいし、感じたいものなのです。

その運命を信じて、どれだけの人が間違った人とつき合ったり、結婚したりしていることでしょう。運命だと思って、あせって失敗する人は、たくさんいます。

あなたが、誰かと出会ったとき、必要以上に、「これは運命の出会いだ！」と思わないことです。もちろん、舞いあがる楽しさにワクワクしてもいいのですが、そうやって上にあがったぶん、ロマンスの風船が割れて、下に落ちるときには、痛い思いをします。

運命という意味では、70億人いる人のなかで出会うこと自体が、すでに運命的な出会いです。誰かと出会ったからといって、運命だと舞いあがって、目を曇らせないようにしましょう。

運命は、あらかじめ決まっているのか

2章のところで、忙しすぎると、パートナーシップから縁遠くなるという話をしました。ここでは、運という側面から見てみましょう。

私は、運の研究を30年以上してきました。あくまで仮説ですが、人の運はだいたい決まっていると思います。

宿命は、「宿る命」と書きます。生まれたとき、両親がどんな人か、本人の健康状態、才能などは、その人が生まれたときにほぼ確定しています。それを変えることはできません。一方、運命は「運ぶ命」と書きます。つまり、生きているうちに、あなたの選択で、選べるということです。

生まれつき病弱でも、摂生をすることで、後半の人生では健康を手に入れる人がいます。いい加減な人と結婚することで、人生を棒にふることもあるし、素敵な人を選んで幸せな家庭を築くこともできるでしょう。そのあたりは、本人の裁量で決められる部分です。

40代以上でシングルの人と話しているとき、この人が将来結婚する可能性はほとんどないだろうなぁと感じることがあります。なぜなら、思考回路、感じ方、行動のすべてが、結婚に向いていないからです。

一人でいることにあまりにも慣れてしまって、面倒なことを乗り越えてでも誰かと一緒にいたいと感じていません。仕事、お金、住んでいるところも、一人仕様になっていて、誰かが入っていける隙《すき》がまったくないのです。

結婚しない宿命をもっている人は、よほどのことがないかぎり、結婚することはないでしょう。仕事で成功する人は、やはり、無意識のうちに仕事にのめり込みがちです。たいした仕事をせずに、のらりくらり生きている人は、だいたいそんな感じで人生を終えます。

もちろん、途中から急に変わる人も稀《まれ》にいますが、もとの宿命を変えることができる人は、ほんの数パーセントです。「絶対に宿命を変えてやる！」という意気込みがないと、もとの生き方に戻ってしまうようです。

運はエネルギーでもあります。その同じエネルギーを健康運として使うか、家族運として使うか、金運として使うかで、人生は違ってきます。

家族運を使ったときには、家族がみんな穏やかで、幸せになるでしょう。同じ運を仕事運と、金運に使うと、仕事は成功して、お金は入るものの、ギスギスした家庭になったりするのです。

運を仕事運に使ったり、金運、社会運として使ったりすることもできます。運は、ある程度生まれたときに、その量は決まっているようですが、与えられた運をためることも、人にあげることも可能です。興味のある方は、拙著『強運を呼び込む51の法則』（だいわ文庫）を読んでみてください。

あなたがシングルで生きるか、パートナーと生きるのか、どういう宿命があるのか、冷静に自分のこれまでの人生を観察してみましょう。

この数年、パートナーらしき人が現れていない人は、自分の生活スタイルを根本から見直してみる必要があります。

そのうえで、何をやれば変わるのか、考えてみましょう。

自分の運命は自分で選べる

結婚、離婚に関して言えば、運命的に出会い、運命的に別れるということがよくあります。実際に、あなたも映画でしか起きないような話を聞いたことがあるのではないかと思います。そのときに、自分の運命とはどんなものかと考える人も多いのではないでしょうか。

残念ながら、それを事前に予知することはできません。けれども過去を振り返って、「あれは運命だったのだ」と理解できることがあります。

人生で出会う人とは、縁があったから出会うわけで、日々の出会いに感謝して、運に対する感性を高めると、違った世界が見えてきます。

誰かと出会ったときに、「この人とはどのような縁があるのか」と、いつも意識してみましょう。そして、その縁をどう大切にして次につなげていくのかを考えていると、私たちの未来は、じつは自分で選べることも多いのだという当たり前のことに気づくようになります。

私たちは、自分の運命は、ある程度自分で選べるのです。

なぜ、「ある程度」といったかというと、そこには、不可抗力も働くからです。両親のどちらかが急に病気になって、実家に帰らなくてはいけなくなり、パートナーとの時間が取れなくなって、その後別れてしまうというケースです。

でも、たとえ、デートの時間が少なくなっても、「この人と一緒にいたい！」と強く考えていれば、別れない選択肢もあったはずです。

どんなときも、あなたの自由意志を尊重してください。本当に望む人生をイメージして、積極的に自分の運命をつかんでください。

シングルで過ごしていくという運命もありますが、同時に、パートナーシップに恵まれて幸せな関係をもつ、という運命も存在しています。

自分がどの運命を選択するのか、あなたの道を切り開いてください。

17

愛を信じる

あなたは愛に背を向けて生きたいか

多くのシングルの人は、愛を怖れています。

愛がやってくると、不安や怖れを感じて、できるだけ愛から遠ざかろうとします。なぜなら愛は、自分を傷つける可能性があると信じているからです。

誰かに愛されてしまって、もしも、しばらくしてその愛を失うことになったら、愛を手に入れる前より、もっとひどい状況になると感じているのです。

誰かに愛されたり好かれたりすることを、本能的に人が怖れるのは、一度もらった愛を取り上げられてしまうのは嫌だと感じるからです。

なぜそう感じるかといえば、愛に対する誤解があるからではないでしょうか。

愛は、増えたり減ったりするものでなく、常にそこにあるものです。

誰かからもらうものでもなく、与えるものでもありません。

恋愛に関して、心理学者のチャック・スペザーノ博士は、『傷つくならば、それは「愛」ではない』（大空夢湧子／訳　ヴォイス刊）という名著を書いています。相手に受け入れてもらいたい、愛してほしいというニーズがあるから、傷つくのです。本当の愛があれば、相手がどう振る舞おうが関係ありません。相手をありのままに愛していれば、たとえ自分を受け入れてくれなくても、ただその人の幸せを願うことができます。

もちろん、いきなりそのような悟りの境地に行くことは難しいですが、本当の愛は、人を分け隔てなく受け入れ、誰かを傷つけることはありません。

愛の本質がわかると、愛に対して怖れる必要はないことがわかってくるのではないでしょうか。

パートナーシップには、愛について学ぶレッスンがいっぱいつまっています。

もちろんパートナーシップがなかったからといって、愛について学べないわけではありません。けれども、誰かを愛すること、愛してもらうことが、愛について学ぶ、人生でいちばんの集中コースであることは間違いないでしょう。

あなたがパートナーシップを望むときに、「愛なんかいらない」という気持ちも裏腹にあることを意識してください。

「愛してくれないなら愛なんていらない」というスタンスで、多くのシングルの人たちは生きているのです。

「100パーセント愛してくれるんだったら欲しいけど、そうじゃないなら、愛はいらない」という表現を聞いたことがありますが、100パーセント愛されるということは、神様でなければあり得ないということを知ってください。

愛に対しての絶対保証を求めているうちは、パートナーシップへの道は難しいかもしれません。

あなたが愛に対して臆病であるのと同じぐらい、あなたの相手も怖がっています。腰がひけた者同士、お互いに愛を与え合い、恐れ、傷つけ合い、許し合うのが、パートナーシップです。

誰か理想の人と出会ったら、そこからずっと一生幸せでいられるということではないのです。

日常にある愛を増やす

パートナーシップへの一つの道は、あなたの日常生活にある愛の量を増やしていくことです。その愛の光に、あなたのパートナーはどこからか引き寄せられてやってくるからです。

あなたがいっぱいの愛であふれて輝いているのと、ジトッと暗い感じでいるのとでは、パートナーが見たときの印象は全然違うはずです。抵抗できないほどの魅力を放てば、きっと、あなたのパートナーはどこにいても、それがわかるでしょう。わざわざ旅に出なくても、毎日を充実させて生きることで、きっと引き寄せることができます。

あなたの愛を増やすには、いろんな実践的な方法があります。たとえば、その一つに、日常的に愛するものを増やしていくという方法があります。

日々の生活で、自分が楽しいと思うもの、ワクワクするもの、好きなものに囲まれるということなら、誰でもできるのではないでしょうか。

決して高いものを買うということではありません。自分の趣味に合う洋服、生活用品を自分が好きかどうか、ワクワクするかどうかという基準でそろえるのです。自分のお気に入りに囲まれたら、自然と楽しくなってきます。

また、何か好きなものに出会ったら、「これ好きだなぁ」と口に出してみるのも一つの方法です。「好き！」というエネルギーは、人をワクワクさせ、エネルギッシュにします。その対象が、フルーツやお菓子でも、野球やサッカーのチーム、音楽のユニットでも同じ効果があります。

好きなものが何もないという人よりも、「登山が好きです」「ガーデニングが好きです」とストレートに言う人のほうが魅力的です。

あなたが、この世界にあるものを好きだと言えて、それが増えていったなら、あなたのことを好きだという人も現れるのです。

ふだん会う人をもう少し愛する

あなたには家族や友人、仕事関係など、いろんな人間関係があると思いますが、その人たちのことを、これまでより、もう少し好きになってみましょう。

誰かのことをいままでよりもう少し好きになると、「鏡の法則」で、その人も、あなたのことを好きになってくれます。

そうして人を好きになる、人に好かれるというサイクルができてくると、パートナー候補の人はあなたのもとに、より引き寄せられやすくなります。

練習だと思って、あなたに縁のある人を好きになってください。コンビニの店員さんや電車で隣り合った人たちを見て、「素敵だ」と思ってみるのです。

そうやって、日常的な愛の量を増やすということを、ぜひやってみてください。

分かち合う

分かち合うことは、パートナーシップでもっとも大事な部分です。

パートナーがいないと、分かち合えないということではありません。

いろんなものを分かち合うクセがついている人と、そうでない人とを比べると、分かち合う人のほうがパートナーシップを得やすい傾向があります。

たとえば何かお菓子をもらったときに、隣の課の人にも分かち合うのが習慣になっている人と、そういうことをしない人がいたとしたら、前者のタイプのほうが、人間関係も広がりやすいでしょう。

分かち合うクセがついている人は、お菓子を分け合うのと同じように、自分が面白かった映画や本のことを紹介したり、あるいは、友人を紹介したりします。

そうして、自分の楽しいと思うことを分かち合っていく人は、自然に人間関係も広がっていきます。

日常的に分かち合うことを意識すると、あなたの出会いを高めることにつながっていきます。

あなたに何かをプレゼントしてもらったり、教えてもらったりした人は、自然とあなたにお返しをしたいという気になります。そして、人を紹介してもらったり、パーティをやったりするときに、誘ってくれるでしょう。そういうところに出かけていって、運命の人に出会うということはよくあるのです。

分かち合うことは、あなたの人生を豊かにすることにつながります。

分かち合うことによって知識や知恵が増え、友達も増えていきます。

その分かち合いを深めていきながら、あなたの人生がより面白くなっていく。

その延長線上に、あなたのパートナーは現れます。

最初から期待せず、自分が分かち合って楽しいものから、まわりにシェアしてあげてください。

愛するのが人生

ちょっと縁起が悪いですが、自分が死ぬときをイメージしてください。

何十年後かもしれませんが、そのときは、いずれやってきます。

あなたが後悔するのは、どんなことでしょうか。

もっとお金を稼がなかったことでしょうか。

それとも、何かを達成しなかったことでしょうか。

たぶん私たちが後悔することがあるとすれば、それは、誰かに対して愛を引っ込めたことではないかと思います。

「もっと父親、母親のことを愛してあげることができたのに」

「もっと友達に友情を表現すればよかった……」

「もっと誰かのことを愛したかった……」

人生の最後には、こうした気持ちが残るのではないでしょうか。

そうして考えてみると、「人生の目的」の大きな一つとして、「愛する」ということがあるのではないかと思います。

「愛する」というのは、なにもパートナーにかぎりません。

自分の愛する活動をやることが人生の目的にもつながっていきます。けれども、それ以上に、「誰かのことを愛した」、そして「誰かに愛された」という思い出は、人生のなかで大事なものになってくるでしょう。

いま、あなたの目の前に2つの選択肢があります。

愛して愛される人生。

愛のあまりなかった人生。

あなたは、どちらを選びますか。

おわりに

パートナーがいる人生が始まるとき！

この本を最後まで読んでくださって、ありがとうございました。

パートナーシップに関して、あなたは、いま何を感じていますか？

ワクワクする感じ？　それとも、道は遠いなぁと、ため息をつきたくなるような気分でしょうか。

いずれにしても、ここからがスタートです。

本文にも書きましたが、多くの年配のシングルの人が、「結婚したかったけど、なんとなくチャンスがこなかった」と後悔しています。

彼らが口を揃《そろ》えて言うのは、

「何度かチャンスがあったのに、前に一歩いく勇気が出なかった」

「仕事で忙しくて面倒くさかった」

ということです。

あなたも、やることがいっぱいあって、毎日忙しく、楽しく過ごしているのではないかと思います。

そんなあなたが、まさか数十年後に、ひとりぼっちで過ごしているとは、いまの状態からは、とても想像できないかもしれません。でも、パートナーシップから目を背けていると、ほぼ間違いなくそうなります。

なぜなら、いったんシングルのライフスタイルを生きている人が、急に誰かと知り合って結婚するということは、ほとんどないからです。

これまで、何度か自然にパートナーシップが始まっていないのなら、努力をしなければ、これからも始まらないと考えたほうが現実的です。

なかには、自然とパートナーが見つかるタイプの人もいますが、そういうタイプの人は、とっくに30歳前後で結婚しています。

あなたが恋愛上手でない場合、これから積極的に行動しなければ、それは起きません。多くの人をインタビューしてきて感じるのは、このことです。

パートナーが欲しいと少し思うぐらいでは、人生はほぼ動かないでしょう。

ダイエットでも、「やせなきゃ」と考えている人はたくさんいると思いますが、実際にダイエットに成功して、ずっとスリムでいられる人は少数派です。

パートナーシップは、ごくパーソナルなものなので、兄弟姉妹でも全然パターンが違うし、一概に何が正解とは言えない難しいものです。

ただ一つ言えるのは、「待っていては何も変わらない」ということです。

数十年たって、ため息とともに後悔しないために、本書を繰り返し読んでください。

やれることは、何でもやってみましょう。パートナーシップだけではなく、本書で提案していることの多くは、人生を楽しむことにもつながります。

勇気を出して、一歩前に踏み出してください。ちょっとした時間差はあるでしょうが、きっとあなたにも、素敵なパートナーが現れることでしょう。

本田　健

本田 健（ほんだ・けん）

神戸生まれ。経営コンサルタント、投資家を経て、29歳で育児セミリタイヤ生活に入る。４年の育児生活中に作家になるビジョンを得て、執筆活動をスタートする。「お金と幸せ」「ライフワーク」「ワクワクする生き方」をテーマにした１０００人規模の講演会、セミナーを全国で開催。そのユーモアあふれるセミナーには、世界中から受講生が駆けつけている。大人気のインターネットラジオ「本田健の人生相談～Dear Ken～」は１４００万ダウンロードを記録。世界的なベストセラー作家とジョイントセミナーを企画、八ヶ岳で研修センターを運営するなど、自分がワクワクすることを常に追いかけている。２０１４年からは、世界を舞台に講演、英語での本の執筆をスタートさせている。

代表作に『ユダヤ人大富豪の教え』『20代にしておきたい17のこと』（大和書房）など。著書シリーズは全てベストセラーとなっており、累計発行部数は６００万部を突破している。

本田 健 公式サイト
http://www.aiueoffice.com/

だいわ文庫

理想《りそう》のパートナーを見《み》つけるためにしておきたい17のこと

著者　本田《ほんだ》 健《けん》

Copyright ©2014 Ken Honda Printed in Japan

二〇一四年一一月一五日第一刷発行

発行者　佐藤 靖
発行所　大和《だいわ》書房
東京都文京区関口一－三三－四 〒一一二－〇〇一四
電話 〇三－三二〇三－四五一一
フォーマットデザイン　鈴木成一デザイン室
本文デザイン　福田和雄（FUKUDA DESIGN）
編集協力　ウーマンウエーブ
本文印刷　シナノ
カバー印刷　山一印刷
製本　ナショナル製本

ISBN978-4-479-30507-1
乱丁本・落丁本はお取り替えいたします。
http://www.daiwashobo.co.jp

だいわ文庫の好評既刊

＊本田健
20代にしておきたい17のこと
『ユダヤ人大富豪の教え』の著者が教える、20代にしておきたい大切なこと。これからの人生を豊かに、幸せに生きるための指南書。
571円
8-6 G

＊本田健
30代にしておきたい17のこと
30代は人生を変えるラストチャンス！　ベストセラー『ユダヤ人大富豪の教え』の著者が教える、30代にしておきたい17のこととは。
571円
8-8 G

＊本田健
40代にしておきたい17のこと
40代は後半の人生の、フレッシュ・スタートを切れる10年です。20代、30代で準備してきたことを開花させよう。
571円
8-11 G

＊本田健
50代にしておきたい17のこと
人生の後半戦は、50代をどう過ごすのかで決まる。進んできた道を後悔することなく、第二の人生を謳歌するためにしておきたいこと。
571円
8-13 G

＊本田健
才能を見つけるためにしておきたい17のこと
あなたの中に潜んでいる才能の芽を見つけ、引き出し、開花させる法。自分の才能を発掘するかしないかで、人生は大きく変わる。
600円
8-19 G

＊本田健
将来、お金に困らないためにしておきたい17のこと
節約をやめる、仕事の単価を上げる、お金の「主人」になる……不安定な時代を生き抜くために、絶対に押さえておきたいお金のこと。
600円
8-20 G

表示価格はすべて本体価格（税別）です。本体価格は変更することがあります。